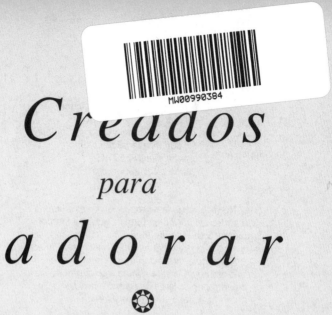

Creados
para
a d o r a r

✵

El propósito espiritual para la música

Mike Herron

C A S A
CREACIÓN

Creados para adorar por Mike Herron
Publicado por Casa Creación
Una división de Strang Communications Company
600 Rinehart Road
Lake Mary, FL 32746
www.casacreacion.com

A menos que se indique lo contrario, todos los
textos bíblicos han sido tomados de: Santa Biblia;
versión Reina-Valera; revisión de 1960;
© 1960 Sociedades Bíblicas en América Latina.
Todos los derechos reservados.

Traducido y editado por Pica y 6 Puntos

Diseño interior:
Grupo Nivel Uno Inc.

ISBN: 0-88419-919-3

Impreso en los Estados Unidos de América.

03 04 05 06 07 ❖ 8 7 6 5 4 3 2 1

Índice

A mis mentores espirituales: El Rev. Kevin Conner y el pastor Dick Iverson. A Kevin, por su gran manto de enseñanza y por proveer las semillas de la Palabra de Dios, y al pastor Dick por darme la oportunidad de estar en el ministerio al confiarme el ministerio de música en su iglesia. Este libro es parcialmente el fruto de su fidelidad y amor.

Prólogo

Toda la congregación estaba absorta en una explosión apasionada de adoración; tenían las manos levantadas y cantaban un nuevo cántico de alabanza que surgía de cada corazón. Fue algo celestial, impresionante, que llenó a los presentes espiritual y emocionalmente. El director de adoración, sentado al piano, estaba tocando música nueva al Señor: sus dedos hablaban palabras de alabanza y exaltación al momento que el espíritu de adoración se derramaba a través de su instrumento. Toda la congregación, unida en un espíritu unánime de adoración, estaba siendo dirigida por Mike Herron. Movió a la iglesia a niveles mayores de amor y adoración al tiempo que olas de la presencia de Dios fluían sobre la gente. Para esto fuimos creados. Sin dudas, dilaciones o cohibición. Fuimos creados para un momento así, creados para adorar con toda nuestra mente, corazón, alma y cuerpo.

Por más de dos décadas, Mike Herron ha descollado en el campo de adoración bíblica y ministerio profético en el cántico a nuestro Señor. Por su ministerio se le conoce, tanto en nuestra nación como en las naciones del mundo, como *el dulce cantor de Israel*. Este libro contiene gemas, espirituales fruto de la investigación y enseñanza de Mike en los últimos veinte años.

Si usted dirige una congregación que adora al Señor o está buscando introducir la adoración en su congregación, este libro será para usted una herramienta invaluable.

Recomiendo ampliamente este libro y el ministerio de Mike Herron.

Considero un honor ser su amigo y colega.

Pastor Frank Damazio

Prólogo

La primera vez que vi ministrar a Mike Herron, yo tenía 14 años de edad y me encontraba en San Antonio, Texas con mis papás en una conferencia de misioneros. Nunca olvidaré el impacto que tuvo en mi vida desde ese instante. Fue justo en el momento que la música había tomado un lugar muy importante en mi vida. Estaba estudiando piano, voz, solfeo y violoncelo — y prácticamente vivía en la escuela de música. Solo que en todos los estudios que había realizado hasta ese entonces, nunca había conocido profundamente lo que la Biblia hablaba acerca de la música. Además, nunca había visto a alguien ministrar con una unción profética musical tan fuerte como lo hacía Mike. Desde que lo conocí supe que sería una persona de gran influencia en mi vida.

Al leer este libro, se dará cuenta que Dios le ha dado a Mike un entendimiento especial acerca de la música en la Biblia. Solo tendrá que leer uno o dos capítulos para enterarse que lo que Mike enseña, no tan solamente tiene un fundamento bíblico muy sólido, sino que es único dentro de todo lo que está escrito hasta la fecha. No creo que exista un material igualable.

Nunca me imaginé que Dios me daría el honor de tener a Mike Herron en mi equipo de trabajo. A pesar de que ahora trabajamos juntos en el ministerio CanZion Producciones, sigo aprendiendo de su sabiduría, de su integridad y su espíritu profético tan impactante.

Recomiendo este libro con mucho entusiasmo porque sé que será de mucha inspiración y bendición. Si usted es músico le ayudará a entender cómo funciona la música que Dios creó. Si usted es un adorador, entenderá mejor cómo funcionan los principios bíblicos de adoración y alabanza. Si usted es líder o pastor, tendrá una base bíblica teológica para conocer cómo es que Dios creó la música y cómo la podemos aprovechar para ayudar a las personas a ser mejores adoradores del Señor.

Espero que este libro sea para su vida de mucha bendición, inspiración y motivación. Con mucho amor,

Marcos Witt
Houston, Texas

Prefacio

Este libro es para aquellos que ¡aman la música!

Es difícil encontrar a alguien que no disfrute alguna forma o estilo de música. Es algo que gusta universalmente a la humanidad, un lenguaje que todas la culturas entienden y aprecian.

Este libro es para los músicos que conocen y aprecian la ciencia y la belleza de su oficio. Es también para aquellos que sirven en el ministerio cristiano de la música y llevan la responsabilidad de conducir a la gente a la presencia de Dios a través de la adoración.

Este libro también es para los que no tienen talento musical, pero les gustaría aprender cómo este fenómeno poderoso afecta su vida en forma profunda. Este libro también es para los que les encanta adorar. En todo el mundo, el pueblo de Dios está aprendiendo a exaltar y adorar al Señor Jesucristo, y la adoración es el lenguaje universal de aquellos que aman a Dios en cada nación.

Este libro es para estudiantes alrededor del mundo que buscan en las Escrituras una revelación de Cristo y un entendimiento de la adoración más plenos. También es para aquellos que no son cristianos, pero que están buscando conocer y encontrar la verdad acerca de la Biblia y Jesucristo.

Este libro fue escrito desde una perspectiva bíblica. Desde este punto de vista vemos que Dios creó a la humanidad para que se uniera a Él en una relación de amor expresada en adoración. También podemos ver que la música fue creada para realzar y expresar nuestro amor al Señor. Aunque hay muchos otros propósitos adicionales de la música, este es el "corazón" del porqué Dios nos creó y del porqué creó la música.

El deseo de Dios es ver a la Iglesia despertar a la tarea de proclamar Sus alabanzas en todas las naciones de la tierra. ¡Qué este pequeño libro apresure el cumplimiento de Su propósito!

Agradecimientos

Quisiera agradecer a Kathy Darrah por las primeras transcripciones de este manuscrito a partir de mis terribles notas personales.

También quisiera agradecer a Cheryl Iverson por sus habilidades editoriales y sus sugerencias invaluables acerca de la forma y orden del libro.

Muchas gracias a Deborah Denno por su hermoso dibujo: *Tabernacle of Heaven*.

La creación de la música

Parte uno

La creación
de la música

Capítulo 1

Introducción

La prueba

Muy temprano, una mañana de 1970 llevé mis libros de composición a Little Beach, el estuario de un río que desemboca en el Océano Pacífico en Gearhart, Oregon. Mi esposa Marsha y yo vivíamos en una casita cercana, con nuestra bebé: Pippa. Yo tenía veinte años y estaba llevando a cabo lo que sentía era una dirección dada por Dios para limpiar mi corazón de la idolatría que había tenido hacia la música. Desde mi conversión al cristianismo, el año anterior, había desechado mis discos de rock y de jazz, y más tarde mi colección de música popular y clásica. No era que esta música fuera mala, ni que todos los que siguen a Cristo deban hacer lo mismo que yo. Era el trato personal de Dios en mi vida a causa de mi intenso amor y devoción a la música. Ya estaba a punto de completar lo que había sentido que Dios me estaba dirigiendo a hacer: a tirar mis libretas de composición ¡al río! y ponerlo a Él como lo primero en mi vida. Esto no era algo fácil para mí ya que durante diez años me había dedicado completamente a la música. Estaba a punto de desechar mis composiciones originales, ¡mis posesiones más valiosas sobre la tierra!

Mi mente estaba concentrada en la historia de Abraham cuando estaba sacrificando a su hijo Isaac. Génesis 22:1 dice que: "Probó Dios a Abraham", y yo me sentía seguro de que una vez que Dios viera mi obediencia, Él de alguna manera intervendría en el inminente sacrificio. Oré a corazón abierto en el río. Sabía que la música era lo primero en mi vida y que este *sacrificio* era absolutamente necesario para que Cristo tuviera la preeminencia en todas las cosas. Era culpable de adorar la *creación (la música)* por encima del *Creador*. Para mí, la música no era el vehículo de la adoración, era un fin en sí misma; y lo que estaba haciendo demostraría mi consagración y sinceridad para seguir a Cristo. Había invertido muchos días pensando en y orando por mi lucha entre la música y

Dios; mi conclusión no era una decisión apresurada. Oré otra vez, esperando que Dios de alguna manera me quitara la convicción. Incluso sostuve mis obras musicales varias veces sobre el río, esperando que Dios me impidiera hacer este sacrificio. Pero no llegó la voz, ni cambió el impulso interno de urgencia. Lancé las libretas al río. Luego tomé una vara larga y las empujé hacia la corriente, lenta y suave, y le dije adiós para siempre a mis fantasías de ser un músico famoso.

Me alejé sintiéndome vacío, incluso un poco molesto de que Dios me hubiera despojado de todo. Recuerdo que pensé: "Todo lo que me queda es Dios".

Un suceso milagroso

No le conté a nadie de la lucha interna que había experimentado ese día. Mis débiles sentimientos de satisfacción por haber hecho lo que creí que era la voluntad de Dios fueron tragados por un sentir de pérdida profunda y duelo por un poco de hermosa música que... ¡estaba descansando en el fondo del estuario!

Esa noche recibí una apresurada llamada telefónica de un jovencito de la congregación a la que asistía. Sus palabras fueron más o menos así: ¡Estaba jugando en Little Beach y encontré sus cuadernos de música en la arena, a la orilla del mar! Usted seguramente los dejó allí y cuando la marea subió, se los llevó. En un momento voy para entregárselos". Click. Ni siquiera tuve la oportunidad de decirle que dejara el sacrificio en donde estaba: ¡el poder de resurrección de Dios estaba en acción! Trajo hasta mi puerta los mojados cuadernos de música, y mientras yo los secaba le expliqué toda la historia a Marsha. Dios me había regresado mi música, pero había algo diferente ahora: Dios era mi fortaleza y mi cántico. Pensé en las palabras que Dios le dijo a Abraham:

> Ya conozco que temes a Dios, por cuanto no me rehusaste tu hijo, tu único.
> Génesis 22:12

Y:

> Por mí mismo he jurado, dice Jehová, que por cuanto has hecho esto, y no me has rehusado tu hijo, tu único hijo; de cierto te bendeciré.
> Génesis 22:16-17

No estoy diciendo que todos deberían tomar sus composiciones y lanzarlas al río más cercano; ¡eso no sería fe sino presunción! Dios quiere un cántico nuevo en nuestro corazón, y ahí, en el corazón, debe morir primero el cántico anterior antes de que pueda nacer lo que es nuevo y fresco.

Las semillas de la música

Mis genes musicales son un don heredado de mi padre, quien fue un músico autodidacta. Mi cuna estaba cerca del cuarto donde él tocaba el piano. Creo que algo fue transferido a mi corazón de recién nacido mientras lo escuchaba tocar en la noche. Mi abuela tocaba el piano en su iglesia y era toda una pianista. Mi bisabuelo fue violinista y director de una banda de música.

A los diez años comencé a tocar el piano y tomé las mismas lecciones que todo niño estudia alrededor del mundo. Estoy en deuda con mis maestros: June Cameron y Leon Erickson. La música era un mundo fascinante para mí. Era un lenguaje que parecía ser más profundo, más sentido en el corazón que las palabras habladas. Quería aprender este lenguaje. Cada escala y acorde parecía una ampliación del vocabulario, una mayor habilidad para hablar y expresar todo el rango del alma humana. Yo era uno de esos locos estudiantes que ¡amaban practicar y tocar el piano!

La música rock

Al principio de los años sesenta ayudé a la formación de una banda de rock llamada *Teddy and the Rough Riders*. Nuestro grupo constaba de un bajista, guitarra lead, baterista, y yo en el órgano. Nuestro estilo podría ser descrito como *primitivo y estridente*. Tocábamos seis noches a la semana durante los meses del verano en un club para adolescentes en Seaside, Oregon, llamado *The Pypo Club*. Noche tras noche acribillábamos a los que asistían, todos menores de veintiuno, con canciones de alta intensidad en decibeles. Fue durante esos años que descubrí el poder que tiene la música para moldear los valores sociales y morales. Mientras tocábamos, mi vida fue profundamente alterada por los mensajes de la música.

Los clásicos

En el otoño de 1967, fui a la Universidad de Oregon. Practicaba piano y escribía música entre cuatro y cinco horas al día, junto con las demás disciplinas necesarias para graduarme. Fui desafiado por mi instructor de composición, Monte Tubb, a crear música nueva e innovadora, lo cual me fascinaba hacer. Pero en lo profundo de mi corazón estaba atribulado. Había preguntas que no podía contestar; preguntas importantes como: "¿Cuál es el propósito de todo esto?", y: "¿Por qué estoy aquí?".

La generación de los años sesenta

Mi generación estaba en un tiempo tremendo de transición. Se estaba librando la guerra de Vietnam, los valores sociales estaban bajo un ataque a gran escala, y algunos de nuestros líderes habían sido asesinados sin causa. La marihuana, el LSD, la música rock y la inmoralidad se convirtieron en escapes a otro mundo que prometía la utopía y el alivio de la confusión. Inocentemente entré por esa puerta, experimenté con las drogas, desarrollé un menosprecio por la autoridad y saturé mi mente con música de esa época.

Aquí hay un muchacho que quiere ser salvo

Mi vida cambió para siempre durante una reunión de jóvenes en una iglesia africano-americana llamada *Maranatha* en Portland, Oregon. Un amigo me invitó a esta congregación de varios cientos de personas que estaban experimentando un tremendo mover del Espíritu Santo durante los días del Avivamiento de Jesús. Yo quería responder a la predicación del pastor Brazille:

> Porque de tal manera amó Dios al mundo, que ha dado a su Hijo unigénito, para que todo aquel que en él cree, no se pierda, mas tenga vida eterna.
> Juan 3:16

Yo estaba congelado en las garras del pecado y la oscuridad. Muchos respondieron al llamado a pasar al frente, pero yo todavía estaba paralizado, de pie, incapaz de estirar mi mano al Salvador que estaba estirando la suya hacia mí. La reunión fue despedida y cuando la congregación comenzó a salir del lugar, de pronto la hermana Brazille clamó desde el piano: "Aquí hay un muchacho que quiere ser salvo. Todos ustedes regresen a sus lugares, que no nos vamos a ir hasta que sea salvo. Regresen y comiencen a orar". Los metió de regreso al lugar y los dirigió en oración por ese muchacho desconocido. La mujer que estaba a mi lado comenzó a llorar, y suavemente oraba mientras rogaba por el alma de ese *muchacho*. Yo también comencé a orar por *él* sin saber que en realidad era yo quien necesitaba la fuente limpiadora de la sangre de Cristo. Lo siguiente que recuerdo es estar de pie al frente, llorando de arrepentimiento por mi pecado y pidiéndole a Jesús que fuera mi Salvador y me llenara con el amor de Dios. Creí en mi corazón la verdad de la Palabra de Dios, ¡y una nueva vida en Cristo comenzó!

Conociendo Su unción

En 1971 comencé a asistir al instituto bíblico Portland Bible College y a la iglesia Bible Temple. Durante mis días en el instituto bíblico fui parte de un grupo musical llamado *The Dayspring*. Viajábamos de iglesia en iglesia, tocábamos en cafés, reuniones de adolescentes, congresos, campamentos, reuniones en el campo y en los santuarios de todas las denominaciones. Dios ungió mi vida mientras le ministrábamos durante las giras de verano.

En 1974 me uní al personal de Bible Temple como músico en la iglesia bajo el pastorado de Dick Iverson. Yo era responsable de supervisar la música en la iglesia y el nivel académico de los programas de música del instituto bíblico. Estos fueron días de extremo gozo para mí: dirigir la adoración, fluir en las canciones proféticas, enseñar la Biblia y principios de música. Nuestro coro creció a setenta y cinco miembros, y teníamos una orquesta preciosa de cuarenta instrumentos que incluía una sección de cuerdas, timbales y un arpa de concierto. En varias ocasiones nos encontramos siendo dirigidos soberanamente en adoración por el Espíritu Santo, todos tocando y cantando un cántico nuevo, juntos en bella armonía. Muchos de los conceptos fundamentales que siguen en estos capítulo fueron plantados en mi corazón durante esos años de ministerio de alabanza y adoración a tiempo completo.

Fundar una iglesia

En 1983, Marsha y yo fundamos una nueva iglesia en Salem, Oregon llamada Williamette Christian Fellowship. Mi llamado al ministerio pastoral nos llevó a establecer una nueva familia de creyentes, y la adoración cobró un significado totalmente nuevo para mí. Ya no era un especialista concentrado en la música y la adoración, era un practicante general, responsable de llevar a un cuerpo de creyentes a la madurez en todas las facetas de sus vidas. La teorías que había tenido acerca de la alabanza y la adoración estaban ahora sobre el yunque de la experiencia. Creo que mi perspectiva como pastor ha hecho que mi visión de la hermosura de una iglesia que adora sea completada.

A las naciones

En enero de 1995 entregamos la congregación a nuestros pastores asociados, Don y Ann Finley, para proseguir un llamado de llevar Su Palabra y adoración a las naciones. El salmo 86 se convirtió en la inspiración para nuestra nueva visión:

> Todas las naciones que hiciste vendrán y adorarán delante de ti, Señor,
> Y glorificarán tu nombre.
> Salmos 86:9

Dios está invitando a gente de cada nación, tribu y lengua a una relación personal de adoración con Él. Creó la música y nos creó para vivir en un lazo de adoración a Él: Padre, Hijo y Espíritu Santo.

Capítulo 2

La creación de la música

El jefe de la músia del cielo

¿Alguna vez has considerado a Jesús como un músico, cantante o compositor? Justamente eso es lo que Él es. ¡El más grande de todos los tiempos en cada instrumento y rango vocal! El libro de los Salmos (Sus canciones) todavía está en la lista de los diez mejores después de dos mil años. Él creó y diseñó la música y estableció las intrincadas leyes del ritmo, melodía y armonía. Creó las familias de instrumentos: cuerdas, viento y percusión, y estableció los límites del oído y la voz humanos.

> Porque en él fueron creadas todas las cosas, las que hay en los cielos y las que hay en la tierra, visibles e invisibles; sean tronos, sean dominios, sean principados, sean potestades; todo fue creado por medio de él y para él. Y él es antes de todas las cosas, y todas las cosas en él subsisten.
> Colosenses 1:16-17

La creación de Dios

La música es una creación dada por Dios, no es producto de la creatividad humana. El hombre descubrió la música así como descubrió el átomo; entonces exploró y dominó sus misterios intrincados. Los antigua civilización griega le atribuía el origen de la música a su dios Apolo. La creencia predominante de las civilizaciones más antiguas fue que la música era una creación celestial.

> Todas las cosas por él fueron he-
> chas, y sin él nada de lo que ha sido
> hecho, fue hecho.
> Juan 1:3

Martín Lutero no deja lugar a dudas acerca de su opinión sobre el origen de la música:

> Cuando la música natural es afila-
> da y pulida por el arte, entonces uno
> comienza a ver con asombro la gran y
> perfecta sabiduría de Dios en Su ma-
> ravillosa obra musical, en la que una
> voz toma una parte sencilla y a su al-
> rededor cantan otras tres, cuatro o
> cinco voces más, saltando, surgiendo
> a su alrededor, agraciando maravillo-
> samente la parte sencilla, como una
> contradanza en el cielo (...) Aquel que
> no encuentra que esto sea un milagro
> inexpresable del Señor es en realidad
> un zoquete, y no es digno de ser con-
> siderado un hombre.
> Bainton, *Here I Stand*, p. 343

Visible e invisible

La música es un fenómeno invisible creado por los objetos visibles y tangibles. Los físicos la clasifican como una forma de luz. Muchas religiones la han utilizado desde la antigüedad para hacer contacto con el mundo espiritual.

Dios creó la música para ser un punto de encuentro, un lugar de comunión con el Dios invisible. La meta y el propósito más alto de la música es ser un vehículo para que Dios exprese Su grandeza, Su gloria y Su amor al hombre. Es dada al hombre para expresar su aprecio y adoración a Dios. ¡Fue creada para unir los mundos visible e invisible, donde adoramos y tenemos comunión con él!

Él sustenta todas las cosas

El aspecto visible del poder invisible de la música es expresado por E.W. Bullinger en su libro *Number in Scripture*.

> Cuando se arroja arena sobre un disco metálico delgado al cual se le fija un cordón y se le pone a vibrar, la arena inmediatamente se acomoda sola en un patrón geométrico perfecto. El patrón varía con el número de vibraciones. Estas son llamadas *figuras chladnis.* El yeso húmedo sobre vidrio o la acuarela húmeda sobre superficies rígidas vibra ante varios sonidos, tales como la voz humana o una corneta, y adopta formas de diversos tipos: geométricas, de flores o verduras, de helechos, hojas y conchas, de acuerdo con el tono de la nota.

La música es un reflejo del orden y ciencia de la creación de Dios. Si la música crea formas, simetría y la semejanza de plantas vivas en el mundo natural, cuánto más poderosa es en el ámbito espiritual para afectar nuestro espíritu y alma.

Una invitación a adorar

Al meditar en el misterio de la adoración, parece egoísta que Dios demande que Su creación se incline y tema delante de Él. Si no entendemos a Dios apropiadamente, no vamos a entender el misterio de la adoración.

Dios no es como los dioses unidimensionales de este mundo; Él es profundamente distinto en el aspecto de que Él es el único Dios revelado en tres personas. ¡Hemos sido invitados a una relación de amor intensa entre el Padre, el Hijo y el Espíritu Santo! John Piper lo declara muy bien en su libro *Let the Nations Be Glad, the Supremacy of God in Missions* cuando dice:

> ¡El propósito principal de Dios es glorificar a Dios y disfrutar de Dios por siempre!

El Padre adora al Hijo, el Hijo adora al Padre, el Espíritu adora al Padre y al Hijo, y nosotros hemos sido creados a su imagen. ¡Hemos sido invitados a un eterno *círculo de gloria!*

Ilustración:

> Si alguien visita a mi hija, su esposo y su pequeña bebé, puede percibir un profundo amor en su relación. Uno es traído a un círculo de amor, quebrado y tensado a veces por la imperfección de su humanidad, pero aun así, un reflejo terrenal de la relación celestial expresada entre el Padre, el Hijo y el Espíritu Santo. Su amor no es *unidimensional*, sino que hay un intercambio que se expresa entre la familia. Una invitación a su hogar es una invitación a experimentar sus relaciones.

Una invitación a adorar es una invitación a experimentar la relación que Dios tiene consigo mismo. Es intensamente íntima y personal.

El Padre se deleita en Su Hijo

El absoluto deleite del Padre en Su Hijo Jesús se manifiesta en la Biblia, y nos invita a unirnos con Él para adorarlo:

> Yo publicaré el decreto; Jehová me ha dicho: Mi hijo eres tú; yo te engendré hoy.
> Honrad al Hijo (...) bienaventurados todos los que en él confían.
> Salmos 2:7,12

Dos veces el Padre hizo patente Su santo amor por Su Hijo al hablar directamente desde el cielo: una vez en su bautismo y después en el monte de la transfiguración. Las palabras fueron casi idénticas: "Este es mi Hijo amado, en quien tengo complacencia". En la montaña se le agregó este apéndice: "A él oíd" (Mateo 17:5).

El Padre celebra el logro que coronó al Hijo en la cruz y lo honra

magníficamente al exaltarlo sobre toda la creación. El deleite y apro-
bación del Padre no pueden pasar inadvertidos:

> *Por lo cual Dios también le exaltó*
> *hasta lo sumo, y le dio un nombre*
> *que es sobre todo nombre, para que*
> *en el nombre de Jesús se doble toda*
> *rodilla de los que están en los cielos,*
> *y en la tierra, y debajo de la tierra; y*
> *toda lengua confiese que Jesucristo*
> *es el Señor, para gloria de Dios Padre.*
> Filipenses 2:9-11

Es indudable que Dios se deleita en Su Hijo. Lo cual es totalmente digno y apropiado porque el Hijo de Dios es el Santo de Israel,
perfecto en todos Sus caminos, la majestad real del cielo y la tierra,
el amante y sacrificial Cordero de Dios.

Honramos lo que Dios honra; adoramos lo que Dios mismo
adora. Somos llamados a compartir la manera en que Dios (el Padre) se deleita en Él mismo (el Hijo).

El Hijo se deleita

Uno de los grandes temas del libro de Juan es el gran deleite de
Jesús en el Padre. Su deseo de honrar a su Padre, acabar Su obra y
representarlo perfectamente es uno de los estudios más extraordi-
narios de teología.

> Mas para que el mundo conozca
> que amo al Padre, y como el Padre
> me mandó, así hago.
> Juan 14:31

> Porque el que me envió, conmigo
> está; no me ha dejado solo el Padre,
> porque yo hago siempre lo que le
> agrada.
> Juan 8:29

La pasión más grande de Jesús era amar, adorar y servir a Su Padre en el gran plan de la redención. Las palabras de adoración en
los salmos son atribuidas a Jesús, en Hebreos 2:

> Anunciaré a mis hermanos tu nombre, en medio de la congregación te alabaré.
>
> Hebreos 2:12

Como el Sumo Sacerdote del cielo, Jesús dirige a toda la creación en adoración al Padre, ¡esta es su función como Sumo Sacerdote! Así como el rey David dirige a Israel en alabanzas, así el Hijo de David dirige a la nueva creación en adoración al Padre Celestial.

El deleite del Espíritu Santo en la persona de Cristo

Walter Zeck, un ministro de edad avanzada, ha caminado toda una vida con el Salvador y tiene un alto grado de intimidad con Dios. Le pregunté cuál es la clave para fluir en el poder del Espíritu Santo hoy en día, y su respuesta vino cargada de sabiduría y revelación:

> "La llave para fluir en el poder del Espíritu Santo es exaltar la obra y las palabras de Cristo. El Espíritu Santo no hace nada por sí mismo, sino que testifica y le da validez a lo que el Hijo de Dios ha logrado por nosotros. ¡Si queremos el poder del Espíritu Santo debemos glorificar a Jesús!

¡Qué tremenda cápsula de verdad bíblica! El Espíritu Santo se deleita totalmente en honrar al Hijo de Dios.

> Pero cuando venga el Espíritu de verdad, él os guiará a toda la verdad; porque no hablará por su propia cuenta, sino que hablará todo lo que oyere, y os hará saber las cosas que habrán de venir. Él me glorificará; porque tomará de lo mío, y os lo hará saber.
>
> Juan 16:13-14

> Dios es Espíritu; y los que le ado-
> ran, en espíritu y en verdad es nece-
> sario que adoren.
> Juan 4:24

Sin el Espíritu de Dios moviéndose en nuestro corazón, no vamos a tener una revelación de Jesús; por lo tanto, no tendremos acceso a nuestro Padre Celestial y nuestra adoración será carente de
vida y una obra muerta.

El círculo de gloria

Hemos sido invitados al *círculo de gloria*: el Espíritu glorifica a
Jesús, Jesús exalta a Su Padre, y el Padre se deleita en Su Hijo y de-
rrama el Espíritu Santo. Es una situación intensa de amor, honor y
admiración, la misma atmósfera para la cual fuimos creados para vivir por la eternidad. Da un nuevo significado a la invitación:

> Venid, aclamemos alegremente a
> Jehová;
> Cantemos con júbilo a la roca de
> nuestra salvación.
> Salmos 95:1

Capítulo 3

Los números de la música

Una de las evidencias más fascinantes del origen divino de la música es la correlación entre los números musicales y los números bíblicos. Aunque hay muchas formas culturales de música que son muy hermosas y están basadas en estructuras armónicas distintas, ninguna es tan reconocida y usada universalmente como la música de la que hablamos en este capítulo.

La triada, o acorde trino, está en el mismo corazón de la armonía en música. Está hecho de tres notas separadas y distintas, aun así estas tres se convierten en un solo sonido. Lo que Dios crea es una expresión de Su ser. El misterio de Dios es expresado en el misterio de la música, tres siendo uno y uno compuesto por tres.

Cada nota es única

Los musicólogos han analizado las características de cada nota del acorde. El carácter particular de las notas individuales son representaciones perfectas de las características del Padre, Hijo y Espíritu Santo.

La primera nota representa al Padre. Su carácter se resume en estas cuatro palabras: fuerza, fundamento, solidez y reposo. El acorde es la representación musical de Su posición en la eternidad.

La segunda nota del acorde se caracteriza como: callada, amable y hermosa. Esta nota representa a Jesús, el Hijo de Dios. Esta nota le añade dimensión a la música, y sin ella la música sería plana, aburrida y monótona. La nota que representa al Hijo puede seguir a la nota que representa al Padre en perfecta armonía en donde quiera que sea tocada en la escala. Esto ilustra las palabras de Jesús en Juan 5:

> Respondió entonces Jesús, y les dijo: De cierto, de cierto os digo: No puede el Hijo hacer nada por sí mismo, sino lo que ve hacer al Padre; porque todo lo que el Padre hace, también lo hace el Hijo igualmente.
> Juan 5:19

El Hijo sigue al Padre, así como estas tres notas se siguen la una a la otra en perfecta armonía a través de los acentos de la música.

Los musicólogos describen a la tercera nota de un acorde con estas palabras: brillante, gozosa y clara. Esta es una definición apropiada para la obra del Espíritu Santo en la Iglesia y en la vida del creyente. La claridad y brillo de la música está centrada básicamente en la armonía que provee esta nota. Sin esta armonía, la música no tendría vida. ¡El Espíritu Santo infunde vitalidad y acción al Cuerpo de Cristo!

Antes del advenimiento de otras religiones, muchas culturas orientales creían en un solo dios y en el espíritu que manaba de éste, pero no conocían a Jesús como el Hijo de Dios. Su música está basada en la armonía conocida como *la quinta*, una armonía que incluye las notas del Padre y del Espíritu, pero que excluye la nota del Hijo. Hay una belleza intrínseca en estos sonidos, pero también un anhelo por la plenitud del acorde trino.

Tres eras reveladas

Padre	Hijo	Espíritu Santo
5th	1st	3rd
3rd	5th	1st
1st	3rd	5th
Era de solidez, comienzos, fundamentos.	Era de quietud, amabilidad, belleza.	Postreros tiempos, gozosos, brillantes, expectantes.

El acorde trino, o triada, puede ser tocado en tres posiciones distintas, las cuales le dan un color distinto al acorde. Cuando se toca en posición *natural* tiene una fuerza y una característica fundamental en él. Cuando se toca en la segunda posición, tiene un sonido hermoso y amable. Cuando se toca en la tercera posición (la era del Espíritu Santo), el acorde tiene un color exuberante y expectante. Vivimos en esta era del Espíritu Santo, ¡exuberante y llena de expectación por el inminente regreso de Cristo!

El acorde menor

El acorde menor se forma al bajar la nota central (¡la nota del Hijo!) un semitono en la escala. Esto produce un sonido que representa la crucifixión y muerte de Jesús antes de su resurrección triunfal. El Hijo está humillado y todavía no levantado. La música en escala menor tiene muchas variaciones y modos, pero toda está caracterizada por la disminución de la segunda nota. La armonía menor tiene las características siguientes: terrena, triste y apesadumbrada y es utilizada para expresar sentimientos de solemnidad e inspira asombro.

> Porque sabemos que toda la crea-
> ción gime a una, y a una está con do-
> lores de parto hasta ahora.
> Romanos 8:22

La música menor tiene la habilidad de expresar el anhelo del corazón del hombre por Dios, el remordimiento del alma, y los sentimientos de angustia. Junto con la majestad de Dios que provoca
asombro, la ira y la guerra, son expresadas por estos acordes únicos y poderosos. El mundo está gimiendo por la venida de Cristo y
Su liberación. La música menor representa el clamor del corazón del
hombre.

La tierra misma produce una vibración de una segunda menor
(Mi bemol – Mi natural) dieciséis octavas abajo del Do central en el
piano. Imagínese un teclado extendiéndose aproximadamente tres
metros y medio del Do central. El sonido producido es inaudible
para el oído humano pero testifica del hecho que la creación está
gimiendo.

Doce escalas menores

Hay doce escalas menores, en correspondencia con las doce tribus de Israel y representan el periodo de la Ley del Antiguo Testamento. La música del pueblo judío, aun hoy en día, se toca predominantemente en escalas menores. La música de los árabes, grie-
gos, orientales, africanos y los aborígenes de América del norte y
sur está en diferentes formas de escalas menores. Aunque hay música escrita en escalas mayores, la mayor parte de la música del os-
curantismo fue escrita en escalas menores.

Las escalas menores no son malas, como algunos han dado a entender. Fueron creadas por Dios para Su gloria y traen profundidad
y plenitud a la música. Así como el Nuevo Testamento no podría ser
comprendido sin el Antiguo Testamento, la música mayor necesita
escalas menores para completar el espectro de sonido musical. La
mayoría de las composiciones en escala menor de J.S. Bach termi-
nan con un acorde mayor. Bach, una persona religiosa, creía inapropiado dejar al escucha en un *humor menor* al final de su pieza.

El acorde mayor

El acorde mayor se forma al aumentar la nota central del acorde (que representa a Jesús) un semitono. El sonido de este acorde es una representación apropiada de la resurrección de Cristo, quien ya no está crucificado sino que ha sido levantado, glorificado y está triunfante. El establecimiento de los acordes mayores y menores como la base tonal de la música sucedió durante el siglo diecisiete. La música de las iglesias de la Reforma fue escrita abrumadoramente en escalas mayores, mientras que la música antes de la Reforma estaba predominantemente en arreglos menores. Había una nueva canción expresada por el impacto del Cristo resucitado en los corazones de los hombres. Los matices contemplativos de los cantos menores dieron paso a nuevos himnos exuberantes basados en el tono de la resurrección: ¡la triada!

> Puso luego en mi boca cántico nuevo, alabanza a nuestro Dios.
> Verán esto muchos, y temerán, y confiarán en Jehová.
> Salmos 40:3

Escalas y acordes
El número siete

El siete es el número bíblico de la perfección espiritual y la plenitud. Hay siete tonos en la escala musical. Hay siete colores principales en el espectro de luz. Así como los años avanzan en el plan de redención de Dios, los tonos de la escala se elevan para el cumplimiento del propósito de Dios. Los colores de la luz avanzan de la oscuridad a la luz. La escala de Dios se eleva y la luz brilla cada vez más refulgente hasta que el día es perfecto.

El acorde mayor y menor séptima son los acordes musicales de reposo. Se forman al añadir el séptimo tono de la escala a la triada y producen un sonido placentero y reposado. ¡Muchas canciones de adoración escritas hoy en día llevan séptimas y llevan al adorador a descansar en el Señor!

El número ocho

El ocho es el número de nuevos comienzos y de resurrección. Noé salió del arca el octavo día, Jesús resucitó en el octavo día. El octavo tono de la escala comienza una nueva escala en un nivel más alto. El creyente, al ser resucitado con Cristo, comienza una nueva *escala* en la vida.

El número nueve

El nueve es el número del Espíritu Santo. Hay nueve manifestaciones del fruto del Espíritu en Gálatas 5:22 y nueve dones en 1 Corintios 12:8-10. La novena es el acorde con la armonía más plena en música (todas las notas en armonía entre sí).

El número once

El once es el número bíblico de desorden, desorganización e imperfección. La onceava es la primera armonía naturalmente disonante en la música. Este no es un acorde inherentemente *malo*, ya que fue creado por Dios. Sin embargo, como todas las armonías disonantes que producen tensión, debe ser compensado con armonías consonantes. La disonancia expresa las contradicciones y las decepciones de la vida que instigan sentimientos de angustia y ansiedad.

Cada nota de la escala musical está afinada a una vibración que es múltiplo de once.

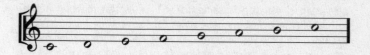

Vibración por segundo

264	297	330	352	396	440	495	528
(24 x 11)	(27 x 11)	(30 x 11)	(32 x 11)	(36 x 11)	(40 x 11)	(45 x 11)	(48 x 11)

Incluso el número de vibraciones entre los intervalos son múltiplos de once, como se puede ver abajo:

Do a Re	254 a 297= 33	vibraciones por segundo
Re a Mi	297 a 230= 33	vibraciones por segundo
Mi a Fa	330 a 352= 22	vibraciones por segundo
Fa a Sol	352 a 396= 44	vibraciones por segundo
Sol a La	396 a 440= 44	vibraciones por segundo
La a Si	440 a 495= 55	vibraciones por segundo
Si a Do	495 a 528= 33	vibraciones por segundo

La música está en su estado imperfecto. En la caída, el hombre perdió su habilidad para escuchar y tener comunión con Dios y la música nos ha sido dada para ayudarnos a restaurar nuestra relación con Él. En la resurrección, al mismo tiempo que nuestros cuerpos serán cambiados, también habrá una transformación y perfeccionamiento del don de la música.

El número doce

El doce es el número bíblico que representa perfección de gobierno. Hay doce patriarcas en la nación de Israel, doce apóstoles y doce puertas a la Jerusalén celestial. Hay doce escalas menores (representan el Antiguo Testamento) y doce escalas mayores (representan el Nuevo Testamento). Isaías 60:18 dice que las puertas de la ciudad de Dios son alabanza. Dios ha dado doce escalas menores y doce escalas mayores para entrar a Su ciudad. Apocalipsis 3:7 dice que Él nos dará la *llave de David*. David usaba la música como un acceso para entrar a la presencia de Dios. Es interesante que a las diferentes escalas les llamemos así, *escalas,* ya que usamos la música para subir a Su presencia.

El número trece

El número trece es el número bíblico para revolución y apostasía. En Génesis 14:4 encontramos la primera mención del número: "Doce años habían servido a Quedorlaomer, y en el decimotercero se rebelaron". La treceava es tanto el acorde más disonante como el más hermoso de la música. Se forma al añadir la treceava nota de la escala a la onceava, completando el ciclo de la armonía.

Le da a la música su expresión armónica más plena y la lleva a sus alturas más grandes. Algunas formas de música están construidas exclusivamente en la armonía alterada y no resuelta de la treceava. El poder de la treceava sobre la música es ilimitado y puede tener tanto efectos positivos como negativos en los corazones de la gente. La treceava, volcánica y dinámica, debe estar generalmente sujeta a la triada, para resolver sus armonías humildemente, y regresar al acorde sencillo del Dios trino.

El número veinticuatro

El veinticuatro es el número bíblico para el gobierno divino, celestial. En el tabernáculo de David y en el templo que construyó Salomón, había veinticuatro grupos de doce músicos que adoraban al Señor sin cesar. A través del libro de Apocalipsis hay veinticuatro ancianos que dirigen el cántico nuevo de redención, tocando sus arpas y arrojando sus coronas delante de Dios, en adoración. Hay veinticuatro escalas, doce mayores y doce menores en las que podemos alabar a Dios. Hay veinticuatro horas en cada día, doce horas de luz y doce horas de oscuridad en las que Dios manda alabanza incesante.

Una visión del ministerio de la música en la Escritura

(El ministerio de Cristo)
Col. 1:10-19, Ap. 22:16
Prov. 8:23-31, He.2:12

Época creativa	Época de guerra	Época profética	Época de avivamiento	Época evangelística	Época de edificación	Épocas sin fin
Eternidad pasada Música en la creación, numéricamente. Música y creación responden, Job 38:7. Cántico de la creación. Ministerio angelical He. 1:6, Sal. 148:2.		Se establece el orden de adoración de Samuel y David. Instrumentos Sacerdocio levítico. Se establece el tabernáculo de David 1 Cr. 15-16, 23, 25:6	Avivamiento del orden de adoración de David bajo los períodos de reforma de estos reyes y líderes piadosos.	Un coro angelical anuncia el nacimiento del Mesías a los pastores, Lc. 2:13		**Eternidad futura** Apocalipsis Ap. 1:6; 2:28; 4; 5:8-9; 7:9-11; 11:16; 14:3; 15:3; 19:01.
Música en Génesis Libro del principio Jubal, Gn. 4:21	Cánticos de los libertadores de Israel Moisés, Ex. 15. Josué. Débora, Jue. 5. Gedeón. El ministerio profético de Saúl 1 S.10:5	Salomón sigue el patrón del tabernáculo de David. 2 Cr. 5 Cantar de los cantares	1. Joás, 2 Cr. 23:13 2. Ezequías, 2 Cr. 29-30 3. Josías, 2 Cr. 35 4. Esdras y Nehemías Neh.12:27-47, Esd. 3 5. Los profetas también tenían cánticos de Dios, Isaías, Jeremías, Ezequiel, Amós, Habacuc, Sofonías	**Música en los evangelios** Mr. 14:26 Lc. 19:37, 15:25 **Música en las epístolas** Cánticos proféticos y espirituales; orden de la adoración de David Hch. 15:16, Col. 3:16. Ef 5:18 He. 2:12, Stg. 5:13, 1 P. 2:5-9 Ministerio musical de Pablo 1 Co. 14:15, Hch. 16:25, 24:14		**Restauración de** 1. Salmos 2. Himnos 3 Cánticos espirituales

Ministerio de Lucifer Is. 14:12-14, Ez. 28, Job 38:7

35

Capítulo 4

Las épocas de la adoración

Desde el tiempo de la creación, cada época ha enfatizado una faceta diferente del propósito de la música. Este panorama de la Escritura muestra el plan manifiesto de Dios para la alabanza y la adoración. Nosotros, que vivimos al final de las épocas, somos los recipientes de la plenitud de Sus intenciones para experimentar todas las dimensiones y dinámicas de la adoración y la alabanza.

La época creativa de la música

Para ver los comienzos de la música debemos buscar en pasajes del Antiguo Testamento. Ahí podemos tener un pequeño atisbo de Su presencia durante la creación de la tierra.

> ¿Dónde estabas tú cuando yo fundaba la tierra? Házmelo saber, si tienes inteligencia. (...) Cuando alababan todas las estrellas del alba, y se regocijaban todos los hijos de Dios.
> Job 38:4-7

La adoración y la alabanza estaban en funcionamiento en el plano angelical antes de la creación de los cielos y la tierra. Mientras Dios creaba, había cánticos y regocijo entre las legiones de los seres angelicales.

> Adórenle todos los ángeles de Dios.
> Hebreos 1:6

El salmo 148 convoca al universo entero, a adorarle: el mar, los elementos, el reino vegetal y el reino animal, los seres humanos de bajo o alto estatus, el joven y viejo. El versículo dos se enfoca en las huestes celestiales:

> Alabadle, vosotros todos sus án-
> geles; alabadle, vosotros todos sus
> ejércitos.
> Salmos 148:2

La adoración libera creatividad; ¡aquellos que alaben al Señor con entusiasmo serán las personas más creativas del mundo!

La música hizo su debut en las crónicas de la raza humana a través del linaje impío de Caín.

> Y el nombre de su hermano fue
> Jubal, el cual fue padre de todos los
> que tocan arpa y flauta.
> Génesis 4:21

Dios no ha quitado el don de la música a la humanidad caída. Músicos de cada estilo musical están siendo salvos y trayendo sus dones para glorificar al Señor. De la música folklórica a la música clásica, cada estilo concebible de música se emplea para proclamar el maravilloso mensaje de Cristo.

La época de guerra de la música

La revelación progresiva de Dios en el Antiguo Testamento establece a la música como un arma de batalla.

> Y cantan el cántico de Moisés sier-
> vo de Dios, y el cántico del Cordero.
> Apocalipsis 15:3

No puede haber celebración sin victoria, ¡el regocijo se construye sobre el fundamento del triunfo!

El cántico de Débora en Jueces celebra la victoria de Dios sobre los ejércitos de Sísara. Es al mismo tiempo un himno de alabanza y un plan de batalla para la guerra espiritual. Débora comienza el cántico con un himno de alabanza:

> Oíd, reyes; escuchad, oh príncipes;
> yo cantaré a Jehová, cantaré salmos a

Jehová, el Dios de Israel.
Jueces 5:3

Clama por un despertar espiritual en el pueblo de Dios. ¡La música llena de vida, ciertamente; tiene la habilidad de provocar cosas!

Despierta, despierta, Débora; despierta, despierta, entona cántico. Levántate, Barac, y lleva tus cautivos, hijo de Abinoam.
Jueces 5:12

Observa la guerra espiritual que tuvo lugar durante la batalla:

Desde los cielos pelearon las estrellas; desde sus órbitas pelearon contra Sísara.
Jueces 5:20

¡El cántico de Débora fue un dueto cantado con Barac que permite apreciar la división entre el cielo y la tierra y nos deja ver las fuerzas espirituales que están actuando a favor del pueblo de Dios que le alaba!

El plan de batalla de Josué, el cual le fue dado por el Señor de los ejércitos, incluyó el sonar de las bocinas y el gozoso grito de alabanza.

Y cuando los sacerdotes tocaron las bocinas la séptima vez, Josué dijo al pueblo: Gritad, porque Jehová os ha entregado la ciudad.
Josué 6:16

La palabra para grito es *teruwah* que significa hacer un ruido gozoso y levantar la voz en alabanza. ¡Este grito fue un regocijo musical que afectó tanto el plano físico que las gigantescas murallas de Jericó cayeron al piso delante de los israelitas!

A Gedeón se le dio un nuevo plan de batalla que se menciona en el libro de Jueces 7:

Y los tres escuadrones tocaron las trompetas, y quebrando los cántaros tomaron en la mano izquierda las

> teas, y en la derecha las trompetas
> con que tocaban, y gritaron: ¡Por la
> espada de Jehová y de Gedeón!
> Jueces 7:20

Todo el concepto de alabanza, fe y confesión como elementos de guerra espiritual nos fueron demostrados por primera vez por este guerrero antiguo.

Estas tácticas de guerra espiritual se convirtieron en la inspiración de incontables santos a través de las épocas, y permanecen como ejemplos dignos para nosotros que enfrentamos al enemigo en estos tiempos críticos.

La época profética de la música

Samuel fue el mentor espiritual del ministerio de música profética de David. David fue enseñado por Samuel en la ciudad de Naiot, en Ramá.

> Entonces Saúl envió mensajeros
> para que trajeran a David, los cuales
> vieron una compañía de profetas que
> profetizaban, y a Samuel que estaba
> allí y los presidía. Y vino el Espíritu de
> Dios sobre los mensajeros de Saúl, y
> ellos también profetizaron.
> 1 Samuel 19:20

El ministerio majestuoso de David en cántico profético nació en esta escuela de los profetas. El libro de los Salmos debe su origen al tiempo que pasó David bajo la dirección de Samuel. El tabernáculo de David y el orden de los músicos provino de las semillas plantadas en esta atmósfera profética. David estableció el paso para la música profética de los siglos siguientes:

> Asimismo David y los jefes del
> ejército apartaron para el ministerio a
> los hijos de Asaf, de Hemán y de Je-
> dutún, para que profetizasen con ar-
> pas, salterios y címbalos.
> 1 Crónicas 25:1

A partir de ese momento, el elemento profético fue añadido a los aspectos creativos y de guerra de la música que vimos anteriormente.

La época de avivamiento de la música

Cada gran avivamiento en la nación de Israel iba acompañada de un retorno a la adoración bíblica. En tiempos modernos, cada mover del Espíritu Santo ha dado paso al surgimiento de nuevas formas y adaptaciones frescas de salmos, himnos y cánticos espirituales.

El avivamiento de adoración más grande fue dirigido por el rey Ezequías. El siguiente versículo nos abre un gran panorama de este tiempo:

> Puso también levitas en la casa de Jehová con címbalos, salterios y arpas, conforme al mandamiento de David, de Gad vidente del rey, y del profeta Natán, porque aquel mandamiento procedía de Jehová por medio de sus profetas.
> 2 Crónicas 29:25

Fue el ministerio profético de Natán y Gad lo que ayudó al rey a establecer el ministerio musical. ¡La adoración necesita tanto de la naturaleza profética como de la estructura de gobierno para que sea todo lo que Dios quiso que fuera!

Nehemías estableció a los cantores y músicos en la reconstrucción de los muros de Jerusalén.

> Para la dedicación del muro de Jerusalén, buscaron a los levitas de todos sus lugares para traerlos a Jerusalén, para hacer la dedicación y la fiesta con alabanzas y con cánticos, con címbalos, salterios y cítaras.
> Nehemías 12:27

¡En cada generación en la que hay un el avivamiento, se búsca a los cantores para expresar el espíritu de renovación y gracia!

La época evangelista de la música

> Y su hijo mayor estaba en el campo; y cuando vino, y llegó cerca de la casa, oyó la música y las danzas.
> Lucas 15:25

Dondequiera que se reciba a un hijo pródigo de vuelta a la casa del Padre, estará el sonido de la música, porque atrae a las personas y abre sus almas a la Palabra de Dios. Antes de que la razón y la voluntad de una persona puedan ser afectadas, debe haber un proceso de *apertura* y receptividad. La música representa un papel vital en tocar el corazón de un hombre.

El anuncio de la entrada de Cristo a este mundo como Salvador y Señor fue dado por una multitud de huestes celestiales. Presagiaban las huestes incontables de coros que han proclamado un mensaje similar a través de los siglos.

> Toda la multitud de los discípulos, gozándose, comenzó a alabar a Dios a grandes voces por todas las maravillas que habían visto, diciendo: ¡Bendito el rey que viene en el nombre del Señor; paz en el cielo, y gloria en las alturas!
> Lucas 19:37-38

La música fue creada para llevar el Evangelio a la humanidad. Así como Juan el Bautista preparó el camino a Cristo, la música es la precursora del mensaje.

La época de edificación

Colosenses 3 resalta uno de los mayores propósitos que Dios tiene para la música:

> Enseñándoos y exhortándoos unos a otros en toda sabiduría, cantando con gracia en vuestros corazones al Señor con salmos e himnos y cánticos espirituales.
> Colosenses 3:16

La música trae la Palabra de Cristo a nosotros y nos ministra gracia para obedecer Sus mandamientos. La música es dada para edificarnos en nuestra fe.

En un viaje a Rusia, asistí a una iglesia ortodoxa griega en la que casi todo el servicio fue ministrado en canto. Las oraciones eran cantadas, la lectura de la Escritura fue en canto y lo sacramentos fueron impartidos en canto. La vida cristiana debe ser una vida de cántico y alabanza. Actuar de manera diferente es quedarse corto del estilo de vida que Dios quería para nosotros. Cualquier situación que David enfrentaba: gozo, victoria, arrepentimiento o rechazo; lo enfrentó con adoración y reverencia.

Pablo revela una vida de constante oración y cántico:

> Oraré con el espíritu, pero oraré también con el entendimiento; cantaré con el espíritu, pero cantaré también con el entendimiento.
> 1 Corintios 14:15

Él estaba perpetuamente cantando al Señor con las Escrituras e himnos así como con lengua espiritual desconocida. Incluso cuando fue lanzado al calabozo en Filipos, su estilo de vida de oración y alabanza no se interrumpió.

> Pero a medianoche, orando Pablo y Silas, cantaban himnos a Dios; y los presos los oían.
> Hechos 16:25

Su fe constantemente cabalgaba sobre las alas de la oración y la alabanza.

Las épocas sin fin de adoración

El libro de Apocalipsis revela a Cristo en Su gloria eterna. También revela a Su pueblo redimido en el momento en el que contemplan a Cristo en adoración y alabanza sin fin. La música es la misma atmósfera del cielo. ¡Si a usted no le gusta la música ruidosa, la adoración intensa y el cántico nuevo, no se va a sentir a gusto allí!

> Y miré, y oí la voz de muchos án-
> geles alrededor del trono, y de los se-
> res vivientes, y de los ancianos; y su
> número era millones de millones, que
> decían a gran voz: El Cordero que fue
> inmolado es digno de tomar el poder,
> las riquezas, la sabiduría, la fortaleza,
> la honra, la gloria y la alabanza.
> Apocalipsis 5:11-12

El lugar del trono en el cielo, el cuartel general del universo, está rodeado por una esfera eterna de adoración que vibra con olas
sucesivas de alabanza. ¡A esto hemos sido llamados!

Parte Dos

La visión de la adoración

El tabernáculo del cielo

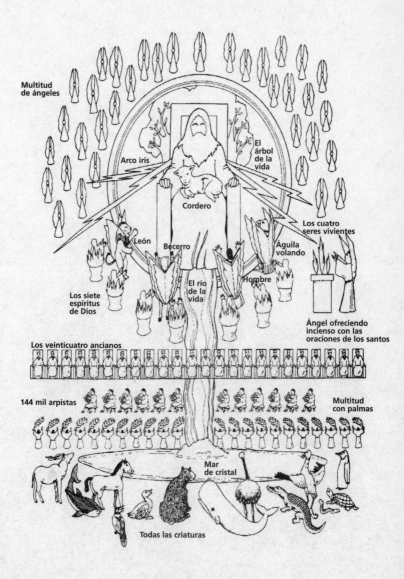

Multitud de ángeles

Arco iris

El árbol de la vida

Cordero

Los cuatro seres vivientes

León

Becerro

Águila volando

Los siete espíritus de Dios

El río de la vida

Hombre

Ángel ofreciendo incienso con las oraciones de los santos

Los veinticuatro ancianos

144 mil arpistas

Multitud con palmas

Mar de cristal

Todas las criaturas

Capítulo 5

La visión del cielo

Una mirada a la realidad:

El tabernáculo del cielo

Poco tiempo después de mi conversión al cristianismo, comencé a compartir mi nueva fe con mi padre. Él era un hombre de negocios a quien no le gustaba perder el tiempo y que no era dado a experiencias subjetivas. Para mi sorpresa, me dijo que él ya *había estado allí y había conocido a Dios*. Al principio de los años sesenta fue sometido a dos cirugías mayores en los pulmones. En ambas ocasiones su corazón se detuvo en la sala de recuperación. Me relató esas experiencias de muerte, describiendo su viaje al trono en el cielo. Describió el río de la vida, las huestes angelicales, el tribunal de Cristo y el libro de la vida en el cual se llevo a cabo una búsqueda infructuosa de su nombre. También describió una canción hermosa que estaba siendo tocada por los arpistas. Él nunca había leído el libro de Apocalipsis, y cuando le leí los versículos reconoció que era su descripción exacta. ¡Antes de su muerte, que ocurrió en 1984, recibió a Cristo como su Salvador, y desde entonces se unió al escenario celestial de alabanza!

Ver la gran atmósfera de adoración en el cielo es algo que transforma la vida. La mayoría de nosotros nunca vamos a ver en visiones espirituales lo que mi padre experimentó, pero podemos ver a través de la Palabra de Dios lo increíble de la adoración celestial. La palabra hebrea que se usa para referirse a visión significa: "Darle un vistazo a, percibir mentalmente, contemplar con placer las cosas del futuro". El diccionario define visión como: "El acto o poder de percibir con los ojos, poder de anticipación y expectación". La palabra griega *skopos* significa: "Una marca sobre la cual fijar la vista, como un corredor que avanza a la línea de meta". El pastor Frank Damazio, de Bible Temple, define visión como: "Aquello que la congregación percibe por el Espíritu Santo como perteneciente al propósito de Dios para ellos, creando, por lo tanto, un impulso espiritual que resulta en avance espiritual". Además define visión como: "Una mirada inspirada a la realidad".

Adoración al Padre: Al que está sentado en el trono

La adoración es un regreso a una relación íntima y amorosa con nuestro Padre. Es estar calientito y tierno, como un niño, y al mismo tiempo asombrado y profundamente reverencial. El Espíritu Santo constantemente nos anima a ambos aspectos de esta relación:

> Pues no habéis recibido el espíritu de esclavitud para estar otra vez en temor, sino que habéis recibido el espíritu de adopción, por el cual clamamos: ¡Abba, Padre!
> Romanos 8:15

Abba es la palabra aramea que se usa para decir *papá*. Nos muestra la relación tierna, como de un niño, que debemos tener con Dios. *Padre* es la palabra griega utilizada para nombrar aquel a quien rendimos respeto y honor paternal. No podemos trivializar nuestra relación y verlo solo como Abba, papá Dios; pero tampoco podemos formalizar nuestra relación y verlo solo como un Dios majestuoso e inalcanzable. La verdadera adoración honra ambos aspectos de Su naturaleza: un Padre amoroso y tierno, y un poderoso y majestuosos Dios Padre.

> Y al instante yo estaba en el Espíritu; y he aquí, un trono establecido en el cielo, y en el trono, uno sentado.
> Apocalipsis 4:2

Y siempre que aquellos seres vivientes dan gloria y honra y acción de gracias al que está sentado en el trono, al que vive por los siglos de los siglos, los veinticuatro ancianos se postran delante del que está sentado en el trono, y adoran al que vive por los siglos de los siglos, y echan sus coronas delante del trono, diciendo:
Apocalipsis 4:9-10

Y vino, y tomó el libro de la mano derecha del que estaba sentado en el trono.
Apocalipsis 5:7

Y los veinticuatro ancianos y los cuatro seres vivientes se postraron en tierra y adoraron a Dios, que estaba sentado en el trono, y decían: ¡Amén! ¡Aleluya!
Apocalipsis 19:4

El Padre que está sentado en el trono es a quien hemos sido llamados a amar y honrar.

Adoración a Jesús: el Cordero de Dios

En Apocalipsis, el Cordero es la figura más usada para representar la naturaleza de Cristo: inocencia, santidad y sacrificio desinteresado. Esto será el tema de nuestra adoración por la eternidad. Aunque Él es revelado como el Rey de reyes y Señor de señores en el capítulo 19:11-21 y como el León de la tribu de Judá en el capítulo 5:5. ¡La mayor parte de las referencias a Cristo hablan de Él como el Cordero de Dios! La sangre del Cordero se convierte en la base de la verdadera adoración.

El Cordero mora en medio del trono, compartiendo la eternidad y siendo igual a Dios el Padre:

Y miré, y vi que en medio del trono y de los cuatro seres vivientes, y en

medio de los ancianos, estaba en pie un Cordero como inmolado, que tenía siete cuernos, y siete ojos, los cuales son los siete espíritus de Dios enviados por toda la tierra.
Apocalipsis 5:6

El Cordero es adorado por todo el cielo:

Que decían a gran voz: El Cordero que fue inmolado es digno de tomar el poder, las riquezas, la sabiduría, la fortaleza, la honra, la gloria y la alabanza.
Apocalipsis 5:12

El Cordero tiene un día de ira por venir:

Y decían a los montes y a las peñas: Caed sobre nosotros, y escondednos del rostro de aquel que está sentado sobre el trono, y de la ira del Cordero.
Apocalipsis 6:16

El Cordero se convierte en el Pastor:

Porque el Cordero que está en medio del trono los pastoreará, y los guiará a fuentes de aguas de vida; y Dios enjugará toda lágrima de los ojos de ellos.
Apocalipsis 7:17

Vencemos a Satanás por medio de la sangre del Cordero:

Y ellos le han vencido por medio de la sangre del Cordero y de la palabra del testimonio de ellos, y menospreciaron sus vidas hasta la muerte.
Apocalipsis 12:11

El Cordero mora en el monte de Sion celestial con sus seguidores fieles:

Después miré, y he aquí el Cordero estaba en pie sobre el monte de Sion, y con él ciento cuarenta y cuatro mil, que tenían el nombre de él y el de su Padre escrito en la frente. Y cantaban un cántico nuevo delante del trono, y delante de los cuatro seres vivientes, y de los ancianos; y nadie podía aprender el cántico sino aquellos ciento cuarenta y cuatro mil que fueron redimidos de entre los de la tierra.
Apocalipsis 14:1,3

El Cordero atormenta a la bestia para siempre:

Él también beberá del vino de la ira de Dios, que ha sido vaciado puro en el cáliz de su ira; y será atormentado con fuego y azufre delante de los santos ángeles y del Cordero;
Apocalipsis 14:10

El cántico del Cordero es cantado delante del Padre:

Y cantan el cántico de Moisés siervo de Dios, y el cántico del Cordero, diciendo: Grandes y maravillosas son tus obras, Señor Dios Todopoderoso; justos y verdaderos son tus caminos, Rey de los santos.
Apocalipsis 15:3

El Cordero es el Rey de reyes y Señor de señores:

Pelearán contra el Cordero, y el Cordero los vencerá, porque él es Señor de señores y Rey de reyes; y los que están con él son llamados y elegidos y fieles.
Apocalipsis 17:14

El Cordero se va a casar con Sus santos:

> Gocémonos y alegrémonos y dé-
> mosle gloria; porque han llegado las
> bodas del Cordero, y su esposa se ha
> preparado. Y el ángel me dijo: Escri-
> be: Bienaventurados los que son lla-
> mados a la cena de las bodas del Cor-
> dero. Y me dijo: Estas son palabras
> verdaderas de Dios.
> Apocalipsis 19:7,9

> Vino entonces a mí uno de los siete
> ángeles que tenían las siete copas llenas
> de las siete plagas postreras, y habló con-
> migo, diciendo: Ven acá, yo te mostraré
> la desposada, la esposa del Cordero.
> Apocalipsis 21:9

¡La adoración siempre va a tener semejanza con la naturaleza del Cordero: santidad, amabilidad, pureza, inocencia y ternura; por-que nuestro Salvador es el CORDERO DE DIOS! En contraste, todas las cualidades feroces de la bestia serán ejemplificadas por la músi-ca del mundo.

Adoración al Padre y al Hijo:

a Aquel que está sentado en el trono y al Cordero

El Padre y el Hijo, como un solo Dios, se convierten en el obje-to de nuestra adoración y culto porque hemos sido llamados a sen-tarnos con Él en lugares celestiales por la eternidad.

El Padre y el Hijo son adorados:

> Y clamaban a gran voz, diciendo:
> La salvación pertenece a nuestro Dios
> que está sentado en el trono, y al
> Cordero.
> Apocalipsis 7:10

El Señor Dios y el Cordero son el templo y la luz del pueblo de Dios:

> Y no vi en ella templo; porque el Señor Dios Todopoderoso es el templo de ella, y el Cordero. La ciudad no tiene necesidad de sol ni de luna que brillen en ella; porque la gloria de Dios la ilumina, y el Cordero es su lumbrera.
> Apocalipsis 21:22-23

La autoridad en la adoración: el trono de Dios

El trono de un reino es la representación de su autoridad. Cuando en la alabanza nos ponemos de acuerdo con Su posición, nos convertimos en beneficiarios de Su poder. Sin autoridad, no puede haber ninguna transformación en nuestra vida, pero mientras adoramos al Señor, Él tiene la capacidad de cambiar cualquier cosas si es que así lo desea. La alabanza afirma Su autoridad y poder.

¡Somos invitados a acercarnos a Su trono sin vergüenza y entusiastamente, esperando los beneficios que Dios ha provisto!:

> Acerquémonos, pues, confiadamente al trono de la gracia, para alcanzar misericordia y hallar gracia para el oportuno socorro.
> Hebreos 4:16

La maldición del pecado es removida cuando adoramos delante del poderoso trono de Dios. Nuestra vida recibe la bendición de Su Salvación:

> Y no habrá más maldición; y el trono de Dios y del Cordero estará en ella, y sus siervos le servirán,
> Apocalipsis 22:3

El trono es el lugar donde se ministran los beneficios del reino:

Después me mostró un río limpio
de agua de vida, resplandeciente como cristal, que salía del trono de Dios
y del Cordero.
Apocalipsis 22:1

La vida en adoración:

el árbol de la vida

El árbol de la vida representa la vida, que obtenemos de Cristo
cuando somos injertados espiritualmente en Él. La adoración es una
de las maneras en las que el hombre espiritual *se conecta* con Jesús, así como una rama se conecta con la vida y los nutrientes de
las raíces fluyen a sus brotes.

Yo soy la vid, vosotros los pámpa-
nos; el que permanece en mí, y yo en
él, éste lleva mucho fruto; porque se-
parados de mí nada podéis hacer.
Juan 15:5

La cruz se ha convertido en el árbol de la vida para que cada adorador venga y experimente la muerte a la voluntad egoísta y una resurrección al propósito de Dios. Hay un llamado a la Iglesia a volver a colocar la
cruz en el centro de nuestra adoración. No hay vida aparte de la cruz y no
hay verdadera adoración hasta que el Cordero del sacrificio sea honrado.

Capítulo 6

Los cuatro aspectos de la adoración

Los cuatro seres vivientes

En Apocalipsis, capítulos 4 y 5, los principales directores de adoración en el cielo son cuatro seres vivientes. ¡Son los iniciadores de toda la alabanza del cielo!

> Y delante del trono había como un mar de vidrio semejante al cristal; y junto al trono, y alrededor del trono, cuatro seres vivientes llenos de ojos delante y detrás. El primer ser viviente era semejante a un león; el segundo era semejante a un becerro; el tercero tenía rostro como de hombre; y el cuarto era semejante a un águila volando. Y los cuatro seres vivientes tenían cada uno seis alas, y alrededor y por dentro estaban llenos de ojos; y no cesaban día y noche de decir: Santo, santo, santo es el Señor Dios Todopoderoso, el que era, el que es, y el que ha de venir.
>
> Apocalipsis 4:6-8

> Y cuando hubo tomado el libro, los cuatro seres vivientes y los veinticuatro ancianos se postraron delante del Cordero; todos tenían arpas, y copas de oro llenas de incienso, que son las oraciones de los santos; y

cantaban un nuevo cántico, diciendo: Digno eres de tomar el libro y de
abrir sus sellos; porque tú fuiste inmolado, y con tu sangre nos has redimido para Dios, de todo linaje y
lengua y pueblo y nación;
Apocalipsis 5:8-9

Los cuatro aspectos de la adoración

Dios usa animales para representar diferentes aspectos de la naturaleza de los seres espirituales. Satanás es asemejado a una ser-
piente, un león y un dragón. Sabemos que su naturaleza espiritual
es semejante a la de esos animales en particular. Los cuatro grandes líderes de adoración son diferentes en su naturaleza y representan la variedad de maneras en las que la música debe tocar al pueblo de Dios. El tipo de adoración que ellos dirigen fluye de su naturaleza y trae plenitud a la adoración celestial.

El león: poder, proclamación y guerra

La adoración *león* es cuando la Iglesia entra en
exaltación majestuosa y comienza a proclamar el poder y la autoridad del Cristo resucitado. Tiene los elementos de guerra espiritual al confesar quién es Cristo y lo que ha logrado por nosotros. Es mejor defini-
da como: Alabanzas de lo alto con espadas de dos fi-
los en las manos.
Jesús es descrito como el León de la tribu de Judá:

He aquí que el León de la tribu de
Judá, la raíz de David, ha vencido para
abrir el libro y desatar sus siete sellos.
Apocalipsis 5:5

La adoración es para fortalecer en valentía al pueblo de Dios y
levantar su nivel de fe. Eso sucede cuando proclamamos el poder y
majestad de nuestro Dios en adoración: ¡nuestras emociones se ali-
nean con nuestros pensamientos y la fe llega! Proverbios 28 lo dice perfectamente:

Huye el impío sin que nadie lo
persiga; mas el justo está confiado
como un león.
Proverbios 28:1

¡La adoración semejante a un león crea adoradores que son semejantes al León de Judá! 1 Crónicas 12 describe a personas así:

También de los de Gad huyeron y
fueron a David, al lugar fuerte en el
desierto, hombres de guerra muy valientes para pelear, diestros con escu-
do y pavés; sus rostros eran como rostros de leones.
1 Crónicas 12:8

Muchos salmos tienen semejanza de león en su estilo: celebran el poder superior de nuestro Dios-Rey sobre todos los enemigos de Su reino. El salmo 47 expresa esto perfectamente:

Pueblos todos, batid las manos;
aclamad a Dios con voz de júbilo. Porque Jehová el Altísimo es temible; Rey
grande sobre toda la tierra. Él some-
terá a los pueblos debajo de nosotros, y a las naciones debajo de nuestros pies.
Salmos 47:1-3

No debemos olvidar que la música de adoración es una de las armas poderosas para derribar las fortalezas del enemigo. ¡Nuestra adoración deber estar llena de una dosis pesada de proclamación de la grandeza y fuerza del Señor!

El becerro: regocijo, celebración y danza

Cuando yo era un pequeño niño, mi padre tenía un rancho de ganado y criaba reses *hereford*. Había temporadas especiales cuando nacían los becerros. En unas horas ya estaban de pie sobre sus vacilantes patas experimentando con su ambiente recién descubierto. En pocos días ya estaban saltando y corriendo por todo el campo, expresando el gozo de un nuevo nacimiento. Si se pudieran comunicar, estoy seguro de que dirían: "¡Simplemente estamos contentos de estar vivos, queremos reír, danzar y mugir, la vida es DIVERTIDA!". Uno casi puede escuchar a las reses mayores decir: "Solo espera unos poco años y verás que van a estar tan aburridas y hastiadas como nosotras".

El becerro representa el gozo del Señor en nuestra adoración. Sin la naturaleza de gozo, perdemos nuestra fuerza, nuestra fe y nuestro entusiasmo. Algunos sienten que el gozo es adolescencia espiritual, mientras que la alabanza profunda es madurez. No saben que si cesamos de tener becerros –el gozo del Señor–, ¡ya no habrá reses maduras en el futuro! Salmos 29:6 dice que la presencia del Señor provoca que la gente comience ¡a ACTUAR COMO BECERRO!

> Los hizo saltar como becerros; al Líbano y al Sirión como hijos de búfalos.
> Salmos 29:6

La Escritura clásica del gozo está en Nehemías 8:

> Luego les dijo: Id, comed grosuras, y bebed vino dulce, y enviad porciones a los que no tienen nada preparado; porque día santo es a nuestro Señor; no os entristezcáis, porque el gozo de Jehová es vuestra fuerza.
> Nehemías 8:10

Ciertamente el Nuevo Testamento no guarda silencio sobre el asunto:

> Regocijaos en el Señor siempre. Otra vez digo: ¡Regocijaos!
> Filipenses 4:4

El hombre: oración, petición y testimonios

Hay un lugar en la música cristiana para canciones de petición, oración, queja, canciones que cuentan una historia; en breve, todo

el rango de humanidad que experimentamos en nuestro caminar con el Señor. Clasifico estas canciones bajo el aspecto de adoración *hombre*. David fue el primer compositor de *blues* en la historia, con favoritas como:

> Como el ciervo brama por las corrientes de las aguas, así clama por ti, oh Dios, el alma mía. Mi alma tiene sed de Dios, del Dios vivo; ¿cuándo vendré, y me presentaré delante de Dios? Fueron mis lágrimas mi pan de día y de noche, mientras me dicen todos los días: ¿Dónde está tu Dios?
> Salmos 42:1-3

Estas palabras obviamente son expresiones de anhelo y melancolía al haber sido separado de Dios. La característica más importante de los salmos es su habilidad para expresar la emoción humana, además de su elevación para asirse de las realidades espirituales del reino de Dios. David convierte la canción de tristeza [*blues*] en una canción de confesión de la grandeza y ayuda de Dios. No niega ninguna de las dos realidades al concluir el salmo 42:

> ¿Por qué te abates, oh alma mía,
> y por qué te turbas dentro de mí?
> Espera en Dios; porque aún he de
> alabarle, salvación mía y Dios mío.
> Salmos 42:11

Muchas canciones cristianas son oraciones, otras son declaraciones de lo que el Señor está haciendo. Algunas canciones son cantos de testimonio. ¡Todas éstas parecen caber en la amplia categoría de canciones *hombre* y son esenciales en nuestra dieta musical de adoración!

El águila: surcando la adoración y la alabanza

Esta figura representa las canciones altas de alabanza y adoración que surcan hacia las alturas de los cielos y levantan al pueblo

de Dios a Su trono. El águila vuela más alto que cualquier otro animal en la creación de Dios y se le ha dado una visión extremadamente aguda; mientras que la alabanza parece estar más centrada en lo que Dios ha hecho, así como en lo que Dios es. La adoración está más centrada en nuestra relación personal con Él. Las líneas entre alabanza y adoración no están definidas con precisión, aunque son dos funciones distintas. La alabanza y la adoración son como los dos ojos del águila: con sólo uno de ellos no hay *percepción de la profundidad*. Con ambas –la alabanza y la adoración– también somos capaces de percibir:

> La anchura, la longitud, la profundidad y la altura, y de conocer el amor de Cristo, que excede a todo conocimiento, para que seáis llenos de toda la plenitud de Dios.
> Efesios 3:18-19

¡La alabanza y la adoración renuevan nuestra juventud en Cristo!

> De modo que te rejuvenezcas como el águila.
> Salmos 103:5

¡La alabanza y la adoración quitan el cansancio de nuestro caminar espiritual y nos permiten levantar alas a los lugares celestiales con Cristo!

> Pero los que esperan a Jehová tendrán nuevas fuerzas; levantarán alas como las águilas; correrán, y no se cansarán; caminarán, y no se fatigarán.
> Isaías 40:31

¡La alabanza y la adoración le dan la oportunidad a Dios de levantarnos y llevarnos en sus brazos cuando estamos sin fuerzas!

> Os tomé sobre alas de águilas, y os he traído a mí.
> Éxodo 19:4

La decisión que está delante de nosotros es ser *águilas* para Dios que levanten alas de alabanza y adoración o *gallinas* atadas a la tierra. Las gallinas nunca ejercitan su habilidad de volar y nerviosamente picotean cosas terrenales pequeñas e insignificantes. ¡Parte de nuestro alto llamado en Cristo Jesús es levantar alas de águila a las alturas donde la perspectiva espiritual es cristalina y clara!

Entendiendo la naturaleza de la adoración

Las cuatro categorías anteriores no se mencionan pensando en sistematizar la adoración en la congregación, sino porque nos ayudan a hacer lo siguiente:

• Identifica tu don más fuerte. Cada uno de nosotros tiende hacia uno de los cuatro aspectos. Uno debe compensar su don más fuerte con música de los otros aspectos de adoración. Por ejemplo, aquellos que son más atraídos por canciones pesadas e íntimas de adoración necesitan abrir su corazón a la proclamación o a gozarse.
• Las congregaciones parecen preferir uno de los cuatro aspectos de la adoración. Debe haber un equilibrio entre las cuatro para tener la plenitud del espectro de la adoración de Dios en nuestra vida.
• Al seleccionar canciones de adoración, es bueno tener en mente que ¡la gente surca a las alturas mejor después de haber *proclamado* y haberse *regocijado* en el Señor!

Un ejemplo

Cuando estaba pastoreando nuestra iglesia en Salem, Oregon, comencé a sentir que nuestro servicio de adoración no estaba satisfaciendo las necesidades espirituales de mi vida y nuestra congregación. Éramos conocidos como una congregación adoradora, pero yo sentía que algo estaba mal. No me sentía victorioso o ungido después de adorar. El grupo de adoración era sincero, ensayábamos, orábamos y tocábamos poniendo nuestros corazones delante del Señor, pero aun así no sentía lo refrescante que yo sabía estaba disponible en Cristo.

Cuando comencé a leer Apocalipsis, descubrí a los cuatro seres vivientes, tomé la lista de canciones de la congregación y comencé a clasificarla de acuerdo con los cuatro diferentes aspectos de la adoración y marqué las canciones que cantábamos más seguido en nuestras reuniones. Los resultados de esta prueba sencilla fueron reveladores. Abrumadoramente, las canciones más populares eran cantos orientados al hombre, seguidos por cantos de alabanza y adoración tipo águila. Los cantos de león y becerro iban significativamente rezagados en la frecuencia con la que los cantábamos. ¡Encontré el problema!

Es importante cantar las canciones tipo hombre orientadas hacia uno mismo, pero sin equilibrarlas apropiadamente con cánticos de proclamación tipo león y el regocijo del becerro, la adoración puede convertirse en algo introspectivo y enfocado al ego, en lugar de dirigirla a la suficiencia que tenemos en Cristo.

Creo que es importante hacer notar que los cuatro seres vivientes son continuamente nombrados en Apocalipsis en el mismo orden. Los dos primeros: el león y el becerro, representan los aspectos exuberantes, poderosos y llenos de energía de la adoración, mientras que el hombre y el águila representan el lado contemplativo, amoroso y nutritivo de la adoración. Los elementos de uno de los aspectos de la adoración pueden ser encontrados en grados diferentes en otros aspectos; no están divididos de una manera estricta.

Comencé a evaluar el énfasis de nuestra música. En nuestra congregación, en las congregaciones asociadas y en el Cuerpo de Cristo en general se necesitan los cuatro aspectos de la adoración ejemplar del cielo. Cuando comenzamos a cantar más canciones de proclamación y gozo, hubo un nuevo sentir de plenitud en nuestras reuniones. Salía refrescado, lleno de poder y con mayor intimidad en mi relación con Dios.

Capítulo 7

Los veinticuatro ancianos

> Y alrededor del trono había veinticuatro tronos; y vi sentados en los tronos a veinticuatro ancianos, vestidos de ropas blancas, con coronas de oro en sus cabezas.
> Apocalipsis 4:4

Los veinticuatro ancianos representan la expresión plena del gobierno divino a través de las edades. El número de las doce tribus del Antiguo Testamento y el número de los doce apóstoles en el Nuevo Testamento nos da un número sumado de veinticuatro. No sabemos quiénes son individualmente, pero se nos da un panorama claro de su ministerio de adoración y loor.

La Biblia es un manual de adoración y cada libro añade cosas nuevas a nuestro conocimiento de cómo tener una relación con Dios. Los ancianos demuestran la revelación completa de esta relación ya que cada libro de la Biblia encuentra su cumplimiento en el trono. Una sinopsis de lo más sobresaliente de la adoración sigue al final de este capítulo.

Ejemplos de adoración

> Y siempre que aquellos seres vivientes dan gloria y honra y acción de gracias al que está sentado en el trono, al que vive por los siglos de los siglos, los veinticuatro ancianos se postran delante del que está sentado en el trono, y adoran al que vive por los siglos de los siglos, y echan sus coronas delante del trono.
> Apocalipsis 4:9-10

> Y cuando hubo tomado el libro,
> los cuatro seres vivientes y los veinti-
> cuatro ancianos se postraron delante
> del Cordero; todos tenían arpas, y co-
> pas de oro llenas de incienso, que son
> las oraciones de los santos; y canta-
> ban un nuevo cántico, diciendo: Dig-
> no eres de tomar el libro y de abrir sus
> sellos; porque tú fuiste inmolado, y
> con tu sangre nos has redimido para
> Dios, de todo linaje y lengua y pueblo
> y nación.
>
> Apocalipsis 5:8-9

Los veinticuatro ancianos son ejemplo de lo que un adorador debe ser.

• Adoración DEMOSTRATIVA: Cayeron a los pies del Señor. El grupo entero estaba sobrecogido por la presencia del Señor y caye-ron sobre sus rostros delante de Dios. ¿Cuántas reuniones de ado-ración podrían ser transformadas por este solo acto de humildad? Hay tanta crítica a las demostraciones de adoración hoy en día, pe-ro la Biblia no tiene nada que ver con los estilos intelectualizados de adoración. En el cielo ¡todos van a estar en el suelo!

• Adoración SINCERA: La Palabra dice que ellos *proskuneo* a Aquel que vive por todos los siglos. Eso significa: besar como un pe-rro lame la mano de su amo; postrarse en homenaje y adoración.

• Adoración HUMILDE: Como David, que se quitó su vestidura real para unirse a los adoradores levíticos; los veinticuatro se quita-ron sus coronas de oro de autoridad y se inclinaron en total humil-dad a Dios.

• Adoración PARTICIPATIVA: Cada anciano llevaba un arpa y es-taba involucrado activamente en el equipo de adoración del cielo. Algunos de los líderes más grandes de la Iglesia han sido músicos activos, desde Martín Lutero hasta el pastor Jack Hayford, el autor de *Majesty* el canto de adoración más famosos del siglo veinte. A mi congregación le encantaba cuando tocaba el saxofón o dirigía la adoración desde el piano. No todos deben tener talento musical, pero ¡cada líder debe ser un adorador!

• Adoración QUE MINISTRA: Durante el tiempo de la adoración se ofreció la oración. Dios ha hecho que estas dos actividades va-yan de la mano.

• Adoración INNOVADORA: Estos ancianos no están atrapados

en un marco de tiempo, están continuamente cantando un cántico nuevo, trayendo expresiones frescas de amor, gozo y exaltación al Cordero. Cada exhortación en Salmos es a cantar un cántico nuevo, no uno antiguo, porque Dios sabe que naturalmente nos inclinamos a los que es viejo y familiar. ¡Nuestra relación con Dios debe ser constantemente puesta al día!

Tres grandes himnos de adoración

Los tres grandes himnos de los veinticuatro ancianos son el fundamento que soporta la adoración poderosa. En ellos están los elementos de la adoración cristiana, los cuales sirven como modelo eterno para todos los que rinden adoración al Rey de reyes.

1. El himno de la creación: Apocalipsis 4:11
   • Su dignidad
   • Su señorío eterno
   • Su recibimiento de gloria, honor y poder
   • Su creación de todo
   • Su voluntad de originar y sustentar todo
2. El himno de la redención: Apocalipsis 5:9-10
   • El cántico nuevo
   • La dignidad de Dios
   • La celebración de la Palabra de Dios
   • La crucifixión y muerte del Mesías
   • Las riquezas de su redención
   • El poder de su sangre
   • El amor de Dios por toda la humanidad
   • Los beneficios espirituales de Su salvación
3. El himno del juicio eterno: Apocalipsis 11:17-18
   • Acción de gracias sincera
   • Reconocimiento de Su soberanía
   • El Dios del pasado, del presente y del futuro
   • Su poder reina sobre los problemas humanos
   • Su ira hacia la maldad de las naciones
   • Su juicio justo de los muertos
   • Sus recompensas para todos Sus siervos, grandes y pequeños
   • Destrucción eterna de parte de Dios

Doxología de los veinticuatro ancianos

La doxología de los veinticuatro ancianos no es aminorada por su brevedad. ¡Esta síntesis de la adoración cristiana es la última adoración registrada en la Biblia y lo dice todo!

Y los veinticuatro ancianos y los cuatro seres vivientes se postraron en tierra y adoraron a Dios, que estaba sentado en el trono, y decían: ¡Amén! ¡Aleluya!
Apocalipsis 19:4

Sinópsis: lo más sobresaliente de la adoración en la Biblia

Antiguo Testamento

Génesis 22:5. Dios promete proveerse de Cordero para adoración.

Éxodo 40:34. Moisés termina el tabernáculo para la adoración y fue lleno de la gloria del Señor.

Levítico 23:4. El Señor instituyó fiestas y días de reposo para Israel como convocaciones santas de adoración.

Números 8:5. Dios separa a los levitas para que sean Su tribu de adoración.

Deuteronomio 6:4,5. Da la gran ley de la adoración: "Amarás a Jehová tu Dios de todo tu corazón".

Josué 5:14. Josué cae sobre su rostro para adorar al Príncipe del ejército del Señor antes de su victoria en Jericó.

Jueces 2:11-14. Un juicio terrible fue derramado sobre Israel por inclinarse y servir a otros dioses.

Rut 2:12. Ella viene bajo las alas de Dios para refugio.

1 Samuel 13:14. Dios busca y encuentra a David, un hombre conforme a su corazón.

2 Samuel 6:12-23. David danza delante del arca con toda su fuerza cuando ésta regresa a Jerusalén.

1 Reyes 18:38-40. En el altar de adoración Dios le responde a Elías con fuego del cielo y hace volver los corazones de Israel a Él.

2 Reyes 23:1-21. Josías destruye la idolatría en todo el país y celebra la Pascua más grande de la historia.

1 Crónicas 25:1-5. David establece a los cantores que profetizan con arpas, instrumentos de cuerdas y címbalos.

2 Crónicas 5:12-13. La gloria del Señor llena el templo de Salomón mientras los cantores y músicos alaban al Señor.

Esdras 3:10-11. Los levitas cantaron y alabaron al Señor cuando echaron el cimiento para reconstruir el templo.

Nehemías 12:27-31. Dos grandes coros de acciones de gracias rodean los muros de Jerusalén en el día de su dedicación.

Ester 9:17-32. La fiesta de Purim se instituye para celebrar con alegría la liberación de Israel de manos de Amán.

Job 1.20-22. Rasga su manto, rasura su cabeza, cae en tierra y adora al Señor en su aflicción.

Salmos 150:6. ¡Dios llama a que todo lo que respire se una a la gran sinfonía de alabanza!

Proverbios 9:10. El temor y el respeto al Señor es la verdadera base para toda adoración.

Eclesiastés 3:4. Hay un tiempo para reír y un tiempo para danzar delante del Señor.

Cantar de los Cantares 2:10. ¡Somos el centro de la canción de amor más grande de todos los tiempos!: "Levántate, oh amiga mía, hermosa mía, y ven".

Isaías 12:2. El profeta canta profecías exuberantes y alabanzas a Dios: "Mi canción es JAH Jehová, quien ha sido salvación para mí".

Jeremías 33:11. Predice la voz del esposo y la esposa, y de muchos otros, trayendo el sacrificio de alabanza a la casa del Señor.

Lamentaciones 3:40-41. Somos llamados a volver al Señor y levantar nuestros corazones y manos al Dios del cielo.

Ezequiel 43:1-5. La gloria del Señor llena el templo profético de Dios.

Daniel 3:28. Encontramos que todo el mundo recibe la orden de respetar al Señor porque tres muchachos hebreos no se inclinaron, ni adoraron la estatua de oro de Nabucodonosor.

Oseas 14:2. Se le ruega a la nación a que se vuelva al Señor y ofrezca sacrificio con sus labios.

Joel 2:23. Los hijos de Sion son invitados a regocijarse y alegrarse por las grandes bendiciones que vienen a ellos en forma de lluvia abundante.

Amós 9:11. El Señor promete reconstruir el tabernáculo de David para que los hombres busquen al Señor.

Abdías 17. Hay una promesa de que vendrá liberación y santidad del monte de Sion.

Jonás 2:1-9. El profeta ora y canta sacrificio de acción de gracias desde las entrañas de un pez.

Miqueas 4:2. Profetiza que muchas naciones vendrán al monte de la casa del Señor para adorarle y aprender de Él.

Nahum 1:7. Hay un hilo de alabanza en medio del gran juicio de Ninive cuando proclama: "Jehová es bueno, fortaleza en el día de la angustia".

Sofonías 3:17. El Señor mismo promete: "Él salvará; se gozará sobre ti con alegría, callará de amor, se regocijará sobre ti con cánticos".

Hageo 2:9. Él promete que el templo postrero tendría mayor

gloria que cualquier otro templo antes que él.

Zacarías 14:16. Profetiza que todas las naciones vendrán y adorarán al Rey, al Señor de los ejércitos.

Malaquías 1:11. Promete que en todo lugar se ofrecerá incienso a Su nombre y ofrenda limpia: "Porque grande es mi nombre entre las naciones".

El Nuevo Testamento

Mateo 4:9-10. Jesús resiste a Satanás con las palabras de Deuteronomio: "Al Señor tu Dios adorarás, y a él solo servirás".

Marcos 14:26. Jesús canta himnos con Sus discípulos antes de ir al huerto de Getsemaní.

Lucas 15:25. ¡La casa del Padre está llena de música y danza!

Juan 4:24. Los verdaderos adoradores adorarán al Padre en Espíritu y en verdad.

Hechos 2:47. Los creyentes alaban a Dios y tienen favor con todo el pueblo.

Romanos 12:1. Debemos presentar nuestros cuerpos en sacrificio vivo, que es nuestro culto racional.

1 Corintios 14:15. Debemos cantar en el Espíritu y con nuestro entendimiento.

2 Corintios 2:14. Dios está constantemente conduciéndonos en una procesión triunfal de alabanza en Cristo Jesús.

Efesios 5:18-19. Debemos ser llenos del Espíritu cantando salmos, himnos y cánticos espirituales.

Filipenses 4:4. Debemos regocijarnos y, después, regocijarnos otra vez.

Colosenses 3:16. La Palabra de Dios debe morar con abundancia en nosotros cantando con gracia en nuestros corazones al Señor.

1 Tesalonicenses 5:18. Debemos dar gracias en todo porque esta es la voluntad de Dios para nosotros en Cristo Jesús.

2 Tesalonicenses 2:3-4. El hijo de perdición es revelado y se exalta a sí mismo sobre todo lo que se llama Dios o es objeto de culto.

1 Timoteo 2:8. Debemos levantar manos santas sin ira ni contienda.

2 Timoteo 4:18. Se nos recuerda que se le dará gloria a Él por siempre y siempre. ¡Amén!

Tito 2:14. Debemos adorar y glorificarlo por las buenas obras que hacemos.

Filemón 25. La gracia del Señor Jesucristo debe estar con nuestro espíritu.

Hebreos 13:15. Debemos ofrecer continuamente sacrificio de alabanza a Dios, fruto de labios que dan gracias a Su nombre.

Santiago 5:13. ¡Debemos cantar alabanzas si estamos alegres!

1 Pedro 2:5. Somos una casa espiritual, sacerdocio santo, para ofrecer sacrificios espirituales aceptos a Dios a través de Jesucristo.

2 Pedro 1:17. Jesús recibió honor y gloria de Su Padre cuando dijo: "Este es mi Hijo amado en quien tengo mi complacencia".

Judas 25. ¡El hermano de Jesús ordena: "Gloria y majestad, imperio y potencia, ahora y por todos los siglos", al Señor!

¡En los escritos de Juan tenemos la gran visión de la adoración celestial en el libro de Apocalipsis!

Capítulo 8

El río de vida

El nacimiento del río

El fin de semana cuando se realiza el descenso en balsa por el río Deschutes, en el centro de Oregon, es un evento altamente esperado en nuestra congregación. Remamos varias millas por el terreno seco y rocoso en las aguas frías que descienden remolineando a través de varios rápidos desafiantes. Miles de turistas intentan a diario el descenso en el tiempo caluroso del verano, disfrutando de la belleza, de agua refrescante y de la diversión de jugar en el río.

El río de Dios es un lugar así: un arroyo refrescante que corre por la esterilidad de este mundo, ofreciendo un pasaje a través del desierto hostil, trayendo renovación, una mayor perspectiva de nuestros alrededores y, sí, ¡diversión! Jesús no deja lugar a dudas acerca de qué es este río: es el Espíritu Santo fluyendo en medio nuestro.

> El que cree en mí, como dice la Escritura, de su interior correrán ríos de agua viva. Esto dijo del Espíritu que habían de recibir los que creyesen en él; pues aún no había venido el Espíritu Santo, porque Jesús no había sido aún glorificado.
> Juan 7:38-39

Sin el fluir del Espíritu Santo, no habrá río de vida. ¡La adoración es una de las claves para ser lleno del río del Espíritu Santo!

> No os embriaguéis con vino, en lo cual hay disolución; antes bien sed llenos del Espíritu, hablando entre

> vosotros con salmos, con himnos y
> cánticos espirituales, cantando y ala-
> bando al Señor en vuestros corazones.
> Efesios 5:18-19

Es esencial que el río esté *fluyendo* y que no sea una fosa *estancada*. El estanque de Betesda en Juan 5:1-7 tenía propiedades milagrosas cuando el ángel bajaba y movía el agua. ¡El mover del Espíritu Santo trae vida y sanidad! Mucha gente y muchas iglesias esperan recibir vida de un estanque, sin darse cuenta de que Dios el plan de Dios era que la vida derivara del fluir de un río en movimiento. El Señor desea que Su río tenga un constante fluir en nuestra vida, no solo un movimiento angélico ocasional.

> En éstos yacía una multitud de
> enfermos, ciegos, cojos y paralíticos,
> que esperaban el movimiento del
> agua.
> Juan 5:3

El sistema de aguas del cielo

El cielo tiene un sistema autosuficiente de aguas; un principio, tipo terrario, que trae renovación y vida a todo el que participa de él. El entendimiento y entrada a estos conceptos refrescantes son esenciales para el cristiano vibrante y la iglesia poderosa, viva y creciente. Están el mar, el arco iris y el río fluyendo juntos en un ciclo: lluvia celestial, río y evaporación.

Alabanza ascendiente: el mar

El mar del cielo aunque está hecho de agua y de fuego tiene la semejanza de un cristal. En el mundo natural, al salir el sol, el agua del mar comienza a evaporarse. Pequeñas gotas de agua ascienden para formar nubes; llueve y se forman ríos, que riegan y refrescan la tierra. De la misma manera en que la luz solar natural calienta y levanta las gotas individuales de agua, el calor de la presencia de Dios toca el *mar* de la humanidad, y la alabanza se levanta hacia Su trono. Esto se ilustra en el salmo 98:

Brame el mar y su plenitud, el
mundo y los que en él habitan; los
ríos batan las manos.
Salmos 98:7-8

La suma de la adoración de los adoradores suena como olas rompiendo incesantemente en la playa, asemejando un mar de alabanza.

Apocalipsis 15:1-4 relata que el gran cántico de Moisés y el cántico del Cordero son cantados sobre el mar de cristal mezclado con fuego. Los creyentes victoriosos tocan sus arpas mientras cantan himnos de alabanza pura y poderosa.

Grandes y maravillosas son tus
obras, Señor Dios Todopoderoso; justos y verdaderos son tus caminos, Rey
de los santos. ¿Quién no te temerá,
oh Señor, y glorificará tu nombre?
Apocalipsis 15:3-4

La alabanza asciende como aguas evaporadas hasta este mar de fuego, llenando el trono del cielo con adoración magnífica.

Derramamiento: el arco iris

Y había alrededor del trono un
arco iris, semejante en aspecto a la
esmeralda.
Apocalipsis 4:3

El diccionario *Webster* define el arco iris como: "Un arco o círculo que presenta bandas concéntricas de los colores del espectro y que se forma opuesto al sol por la refracción y reflexión de los rayos del sol en gotas de lluvia, vapor o rocío". Nuestra alabanza asciende como un vapor delante del trono como gotas de adoración, que da como resultado un derramamiento de bendiciones sobre el adorador. Es importante notar que *nuestra alabanza no crea la presencia de Dios,* pero nos permite participar y experimentar el fluir dador de vida del mar, el arco iris y el río.

Y acontecerá que los de las familias
de la tierra que no subieren a Jerusalén

para adorar al Rey, Jehová de los ejércitos, no vendrá sobre ellos lluvia.
Zacarías 14:17

Dos personas pueden estar presentes en el mismo servicio de adoración: una experimentando la lluvia y el río; mientras que la otra, a causa de la condición de su corazón o por su ignorancia, estará seca y estéril. Denominaciones completas están ajenas al entendimiento de este principio de alabanza y están atrapadas en una sequía de esterilidad. ¡Elías vio una nube como del tamaño del puño de un hombre que señalaba el fin de la sequía! Algunas experiencias de adoración son del tamaño del puño de un hombre en la percepción de la presencia de Dios, ¡pero el Señor desea que Su presencia cubra la tierra como las aguas cubren el mar!

El fluir de vida: el río

Un río famoso en Oregon Central, el Metolius, es un río único que no se alimenta de otros sistemas tributarios. Se origina como un río ya de tamaño completo, que corre desde la base de la montaña Black Butte y desciende a través del hermoso territorio volcánico de la región. El río de Dios es así, no tiene origen humano, pero fluye milagrosamente desde el trono de Dios en pureza y poder.

Después me mostró un río limpio
de agua de vida, resplandeciente como cristal, que salía del trono de Dios
y del Cordero.
Apocalipsis 22:1

En Salmos 126:4, el salmista ora: "Haz volver nuestra cautividad, oh Jehová, como los arroyos del Neguev". Un arroyo *cautivo* es un arroyo que no tiene agua fluyendo en él. Un *wadi* (palabra hebrea para arroyo), es vuelto de su cautividad cuando el agua refrescante regresa a él. *¡Nosotros no creamos el río de Dios a través de traer nuestra alabanza y adorarlo!* Traemos nuestros arroyos secos y cautivos para ser llenados por Su río cuando lo adoramos. ¡Abrimos nuestro corazón en alabanza y las aguas de Su presencia comienzan a fluir!

> Del río sus corrientes alegran la
> ciudad de Dios, el santuario de las
> moradas del Altísimo.
> Salmos 46:4

El río de Dios funciona de manera opuesta a la mayoría de los ríos de la tierra: comienza como un río único y fluye en arroyos individuales hacia los corazones de los creyentes. ¡Esto no aminora la intensidad o el cauce, sino que incrementa el poder y el volumen del río más importante de todos! El salmo 65 encapsula este concepto perfectamente:

> Visitas la tierra, y la riegas; en
> gran manera la enriqueces; con el río
> de Dios, lleno de aguas.
> Salmos 65:9

Las propiedades milagrosas del río de Dios

Naamán, el comandante del ejército del rey de Siria encontró que el río de Dios era un río de sanidad, en 2 Reyes 5:12-14. El profeta Eliseo le indicó que se zambullera siete veces en el Jordán para ser sanado de lepra. Naamán arrogantemente se rehusó diciendo: "Abana y Farfar, ríos de Damasco, ¿no son mejores que todas las aguas de Israel? Si me lavare en ellos, ¿no seré también limpio?". Después de que lo animaron sus consejeros a probar la orden del profeta de Dios, Naamán: "Descendió, y se zambulló siete veces en el Jordán, conforme a la palabra del varón de Dios; y su carne se volvió como la carne de un niño, y quedó limpio".

El mundo no tiene un río como el río sanador del Espíritu Santo. Notemos que Naamán no tuvo que zambullirse solo una vez, ¡necesitó zambullirse siete veces antes de que la lepra fuera limpiada y el poder de Dios pudiera hacer efecto! La adoración y la presencia de Dios es un gusto adquirido del cual debemos emparnos y aprender, para que pueda convertirse en algo natural en nosotros.

En la visión de Ezequiel del río de Dios, él ve los árboles medicinales creciendo a sus orillas.

> Y junto al río, en la ribera, a uno
> y otro lado, crecerá toda clase de ár-
> boles frutales; sus hojas nunca cae-
> rán, ni faltará su fruto. A su tiempo
> madurará, porque sus aguas salen del
> santuario; y su fruto será para comer,
> y su hoja para medicina.
> Ezequiel 47:12

Ezequiel vio el río fluir desde el templo de Dios. El Señor desea que cada iglesia tenga un fluir milagroso del Espíritu Santo, así como el río de Dios fluye milagrosamente del trono del cielo.

> Me hizo volver luego a la entrada
> de la casa; y he aquí aguas que salían
> de debajo del umbral de la casa hacia
> el oriente; porque la fachada de la ca-
> sa estaba al oriente, y las aguas des-
> cendían de debajo, hacia el lado de-
> recho de la casa, al sur del altar. Mi-
> dió otros mil, y me hizo pasar por las
> aguas hasta las rodillas. Midió luego
> otros mil, y me hizo pasar por las
> aguas hasta los lomos.
> Ezequiel 47:1,4

El río venía en niveles de profundidad sucesivos: de profundidad al tobillo a profundidad a la cintura, y finalmente profundidad de nado. ¡El nado desafía las leyes naturales de la gravedad por las propiedades de empuje del agua; al nadar experimentamos una forma suave de ausencia de peso! Un lugar donde se nada atrae a la gente, la refresca; quita los pesos espirituales y las preocupacio-nes; y permite flotar sobrenaturalmente como medio de transporte en el río de Dios. La adoración fue creada para tener este efecto, ¡es extremadamente deseable zambullirse en el río de Su presencia!

> Serán completamente saciados de
> la grosura de tu casa, y tú los abreva-
> rás del torrente de tus delicias.
> Salmos 36:8

Una de las cosas que más nos animan acerca de este río es la abundancia de peces que atrae. Entre más largo sea el río, mayor la capacidad para tener peces. Como la gente es atraída hacia la música que da vida y llena de celebración, ¡la Iglesia debe utilizar este concepto dado por Dios: debe entrar completamente al río después de una experiencia de adoración; comenzar en la profundidad de los tobillos hasta permanecer un tiempo nadando en Su presencia!

> Y toda alma viviente que nadare por dondequiera que entraren estos dos ríos, vivirá; y habrá muchísimos peces por haber entrado allá estas aguas, y recibirán sanidad; y vivirá todo lo que entrare en este río.
> Ezequiel 47:9

Condiciones del río

Los ríos pasan por varias etapas que se correlacionan con las diferentes condiciones de la adoración.

• RÍOS CONGELADOS: Los ríos se congelan cuando hay muy bajas temperaturas, y toda el agua fluye bajo la superficie. Lo mismo sucede cuando los ríos espirituales no están expuestos a Cristo: se congelan. Sin una revelación fresca y continua de Cristo, la adoración se vuelve fría, formalista y sin vida. Pero ahí está el río de Dios, un río que fluye, incluso en los climas más helados, esperando su liberación: que llegue el tiempo de primavera espiritual.

• RÍOS SECOS: En Los Ángeles, California, hay muchos acueductos que cruzan la ciudad. La mayor parte del tiempo, solamente un hilo de agua fluye en medio de estos grandes bancos de concreto; pero el hecho de que estos enormes conductos estén ahí es altamente aquilatado durante la temporada de lluvias, cuando los ríos corren al océano. Muchos cristianos y congregaciones son como estos acueductos vacíos: ¡tienen capacidad para adorar, pero no hay corriente!

• BRAZO MUERTO: El brazo de un río se muere en regiones planas donde el río corre lentamente. El río forma una "S" y los extremos de la curva de la "S" quedan aislados del resto del río. De la misma manera la gente se distancia o es cortada de la presencia del Señor cuando la adoración se vuelve plana, rancia y poco interesante.

• RÁPIDOS: Pasar sobre rocas y remolinos puede ser una experiencia extasiante. Así como los rápidos se clasifican con números dependiendo de su grado de dificultad, las congregaciones pueden clasificar sus *rápidos* o nivel de alborozo en la adoración. Clave: ¡Si queremos jóvenes en la congregación, asegúrese de tener algunos rápidos de nivel tres o cuatro, así como de los niveles más suaves, como uno o dos! La alabanza rápida y gozosa puede ser como el fluir de aguas espumosas, así que, ¡asegúrese de que los santos de mayor edad traigan puestos sus chalecos salvavidas!

• CATARATAS: De vez en cuando, tenemos un tiempo único e inexplicable en la presencia del Señor, cuando caemos en un tiempo intenso de adoración. Estos momentos no pueden ser duplicados, son experiencias en las que Dios retira las cortinas del cielo y los adoradores saborean los poderes del mundo por venir. Es una catarata, un hermoso y poderoso tiempo que nos deja sin aliento. El salmista lo describe de esta forma: "Un abismo llama a otro a la voz de tus cascadas" (Salmos 42:7).

• PRESAS: Las presas son el intento del hombre para controlar y poner freno al poder del río, para el beneficio de la sociedad. Los controles y las normas para la adoración son como presas en el río, y generalmente son benéficos si no son muy estrictos. Los peces no pueden vivir en un río si hay muchas presas en su camino rumbo a aguas de desove. Algunas reuniones de adoración están reglamentadas de más, al punto que la espontaneidad es completamente dejada fuera y el sentido de la libertad se pierde. Lo opuesto también es verdad: el río a veces corre a su máxima capacidad y otras corre casi vacío si no hay una presa que regule sus niveles de agua.

• CRECIDAS: Las crecidas son, de hecho, parte del plan de Dios para renovar el suelo fértil de una región, pero si sucede en todos los años no se puede cultivar productivamente. ¡Una creciente es la soberanía de Dios manifiesta!

• ARROYOS PROFUNDOS: Aquí es donde a las ovejas generalmente les gusta más ir a beber: en aguas tranquilas y apacibles, donde la profundidad de Dios es revelada. David dice del Señor en Salmos 23:2: "Junto a aguas de reposo me pastoreará".

Liberando el río

El segundo libro de Reyes narra una historia que ilustra verdades profundas acerca del río de Dios. Joram, el rey impío de Israel acudió a Josafat, rey de Judá, para conseguir su ayuda para atacar a los moabitas que se habían rebelado recientemente contra él. Juntos, decidieron tomar la ruta larga del sur alrededor del Mar Muerto para sorprenderlos. En el camino se les unió el rey de Edom. Estaban muriendo de sed durante el viaje que duró siete días. Desesperadamente buscaron el consejo de Eliseo, el profeta, quien al contestarles, también nos dio las claves para que el río de Dios sea liberado en medio nuestro:

Quién

> Y Eliseo dijo: Vive Jehová de los ejércitos, en cuya presencia estoy, que si no tuviese respeto al rostro de Josafat rey de Judá, no te mirara a ti, ni te viera.
> 2 Reyes 3:14

Somos hechos dignos del río al aliarnos con el rey justo: JESÚS. Joram fue aceptado porque estaba con Josafat: ¡somos aceptados porque estamos con Jesús!

Adoración

> Mas ahora traedme un tañedor. Y mientras el tañedor tocaba, la mano de Jehová vino sobre Eliseo.
> 2 Reyes 3:15

Ofrecer música a Dios trae una liberación espiritual. Es el incienso del alma que permite a nuestro espíritu que se levante en la presencia de Dios.

Palabra

> Quien dijo: Así ha dicho Jehová: Haced en este valle muchos estanques. Porque Jehová ha dicho así: No veréis viento, ni veréis lluvia; pero este valle será lleno de agua, y beberéis vosotros, y vuestras bestias y vuestros ganados.
> 2 Reyes 3:16-17

Esta es la promesa de que Dios responde a la desesperada necesidad humana con Su Palabra. Toda Su actitud de gracia para ayudar un pueblo indigno revela el corazón redentor de Dios.

Obra

> Haced en este valle muchos estanques.
> v. 16

Cada palabra de Dios requiere de nosotros que obremos en fe, para responder en obediencia. ¡Debemos cavar un lugar para Él en nuestra vida, remover la tierra endurecida de nuestro corazón y preparar el camino al Señor!

Agua

> Aconteció, pues, que por la mañana, cuando se ofrece el sacrificio, he aquí vinieron aguas por el camino de Edom, y la tierra se llenó de aguas.
> 2 Reyes 3:20

Las aguas vinieron milagrosamente del seco país del sur de Edom y refrescaron al ejército. ¡Se logró una gran victoria sobre los moabitas y el río de vida se convirtió en un arma de guerra espiritual para el pueblo de Dios!

El río de Dios todavía está lleno de agua, lista para ser derramada sobre el sediento pueblo de Dios, el cual desea sanidad, poder, frescura, abundancia de peces y vida.

Capítulo 9

La plenitud de la alabanza

El ministerio angélico de alabanza: su actitud de asombro nos compele

Y miré, y oí la voz de muchos ángeles alrededor del trono, y de los seres vivientes, y de los ancianos; y su número era millones de millones, que decían a gran voz: El Cordero que fue inmolado es digno de tomar el poder, las riquezas, la sabiduría, la fortaleza, la honra, la gloria y la alabanza.
Apocalipsis 5:11-12

El fallecido Ern Baxter, un renombrado académico y maestro, una vez hizo una declaración muy ilustrativa:

> ¡Estoy esperando el día en el que
> el cielo y la tierra se suelden en una
> gigante megalópolis cósmica bajo el
> señorío de Jesucristo!

En cierto sentido, *ese día* llega cada vez que nos reunimos para adorar. El cielo y la tierra SÍ se encuentran. El tabernáculo de la primera iglesia se alinea con la celebración del tabernáculo celestial y ocurre una unión mística con la ciudad celestial. La parte menor (la congregación local), participa del todo mayor (la Sion celestial) y se regenera a sí misma en una atmósfera de poder espiritual y presencia de ángeles. Dios nos ministra aunque no lo notemos cuando nos alineamos con el principio de la Sion celestial.

La vida de Jacob es un buen ejemplo del cristiano que es hijo de Abraham y heredero de la promesa. Dos veces experimentó la presencia de ángeles; eso influenció su vida profundamente. La primera vez sucedió cuando estaba huyendo de su hermano Esaú.

> Y soñó: y he aquí una escalera
> que estaba apoyada en tierra, y su ex-
> tremo tocaba en el cielo; y he aquí
> ángeles de Dios que subían y descen-
> dían por ella.
> Génesis 28:12

Él entendió su experiencia en el contexto de la casa de Dios. ¡La iglesia debe ser escalera y puerta a la presencia celestial!

> ¡Cuán terrible es este lugar! No es
> otra cosa que casa de Dios, y puerta
> del cielo.
> Génesis 28:17

Su segunda experiencia sucedió al regresar a su tierra natal. Estaba a punto de encontrarse con su hermano, ya hecho un extraño, cuando el encuentro ocurrió.

> Jacob siguió su camino, y le salie-
> ron al encuentro ángeles de Dios. Y
> dijo Jacob cuando los vio: Campa-
> mento de Dios es este; y llamó el
> nombre de aquel lugar Mahanaim.
> Génesis 32:1,2

La Iglesia es el campamento de los ángeles del Señor: ¡nos tienen rodeados con su ministerio de protección! David hace eco de esto en el salmo 34.

> El ángel de Jehová acampa al-
> rededor de los que le temen, y los
> defiende.
> Salmos 34:7

Mi experiencia de adoración toma proporciones gigantescas cuando considero estas realidades maravillosas. La pequeña reunión terrena de adoradores entra al tabernáculo celestial con miles sobre miles de estos seres increíbles comisionados a servirnos. ¡Algunas veces nuestros oídos bregan por distinguir entre lo terrenal y lo celestial al cantar exuberantemente y alabar al Señor!

*Sino que os habéis acercado al
monte de Sion, a la ciudad del Dios
vivo, Jerusalén la celestial, a la compañía de muchos millares de ángeles,*
Hebreos 12:22

Los siete espíritus delante del trono: discernimiento al adorar

Y del trono salían relámpagos y
truenos y voces; y delante del trono
ardían siete lámparas de fuego, las
cuales son los siete espíritus de Dios.
Apocalipsis 4:5

Las siete lámparas de fuego tienen una correlación con el candelabro, que se desrcibe en Éxodo 25:37: *"Y le harás siete lamparillas"*.

El candelabro en la Biblia puede ser representativo de la Palabra de Dios iluminada por el Espíritu Santo. La adoración debe ser *dicha por Dios* y *dirigida por el Espíritu,* mezclando las leyes inamovibles de la adoración a la libertad de la dirección del Espíritu Santo. Si la adoración se lleva a cabo mecánicamente sin involucrar el corazón, se convierte en un reclamo al Señor. Muchos se esperan hasta sentir ganas antes de alabar, ¡lo cual los lleva a estar ociosos mucho tiempo durante el servicio de adoración! La clave es responder con nuestro corazón mientras el Espíritu Santo nos guía a los distintos aspectos de la adoración bíblica.

Los siete espíritus nos muestran a la variedad de métodos y maneras que pueden ocurrir delante del trono de adoración. La adoración no es estática, es una relación dinámica con Dios. Una experiencia de adoración puede involucrar regocijo, después posiblemente se enfoque en el atributo de Dios de la misericordia; la siguiente vez puede ser un tiempo de exaltación con instrumentos sonoros, aplaudiendo y gritando.

Algunas veces, la adoración puede ser más una declaración teológica –mientras cantamos himnos acerca de las profundidades de Su obra redentora. La adoración se produce cuando cantamos coros de letra sencilla con melodías hermosas una y otra vez. ¡El Espíritu puede orquestar una variedad de diferentes facetas de adoración en un solo momento de alabanza, reflejando la belleza infinita del Señor!

Relámpagos, truenos y voces: fluir en los dones del Espíritu

Cuatro veces en el libro de Apocalipsis se nos presenta la tremenda exhibición de poder que emana del trono de Dios.

> Y del trono salían relámpagos y truenos y voces; y delante del trono ardían siete lámparas de fuego, las cuales son los siete espíritus de Dios.
> Apocalipsis 4:5

No solo la adoración debe ser un encuentro con la persona y atributos de Dios, ¡sino también un encuentro con SU PODER! Los truenos y relámpagos posiblemente representen lo dones de poder: fe, sanidad, discernimiento de espíritus y el obrar milagros. Las voces pueden representar los dones de palabra del Espíritu: palabra de sabiduría, palabra de ciencia, profecía, lenguas e interpretación de lenguas, que encontramos en 1 Corintios 12:8-10. El tiempo de adoración es la atmósfera ideal para soltar los dones del Espíritu Santo y pasar de la adoración a Dios a un encuentro con Dios. Muchas veces el tiempo de adoración de la congregación es como la máquina de un automóvil que se enciende, y se acelera para exhibir su poder y su sonido, pero a la que nunca se le mete la velocidad para que empiece a caminar y llegue a algún destino. ¡Debemos convertir el mover del Espíritu Santo en acción y ministrar en ese momento al pueblo de Dios conforme a sus necesidades!

El trueno y el relámpago son ciertamente señales y milagros que llaman nuestra atención tanto en el plano natural como en el plano espiritual. El relámpago viaja a velocidades entre los 161 y los 1609 kilómetros por segundo en su viaje de descenso a la tierra. Y puede alcanzar 140 mil kilómetros por segundo en el golpe de regreso. La enorme chispa calienta el aire que la rodea explosivamente, creando el resonar sonoro que escuchamos como trueno. ¡Dios se mueve rápida y poderosamente por su Espíritu!

La clave para moverse en los dones es responder a Dios de una manera apropiada. Él no va a seguir moviéndose si no se actúa de acuerdo a Su dirección. Si estamos discerniendo que es momento de ministrar sanidad, necesitamos crear el espacio para que la gente reciba lo que el Espíritu Santo tiene para ellos.

144 mil arpistas: el sonido colectivo de la alabanza

> Después miré, y he aquí el Cordero estaba en pie sobre el monte de Sion, y con él ciento cuarenta y cuatro mil, que tenían el nombre de él y el de su Padre escrito en la frente. Y oí una voz del cielo como estruendo de muchas aguas, y como sonido de un gran trueno; y la voz que oí era como de arpistas que tocaban sus arpas. Y cantaban un cántico nuevo delante del trono, y delante de los cuatro seres vivientes, y de los ancianos; y nadie podía aprender el cántico sino aquellos ciento cuarenta y cuatro mil que fueron redimidos de entre los de la tierra.
>
> Apocalipsis 14:1-3

Un fenómeno hermoso en la alabanza es cuando los músicos y los adoradores comienzan a tocar y a cantar un cántico nuevo, levantando su voz y tocando sus instrumentos en un sonido espontáneo que se describe adecuadamente como *estruendo de muchas aguas*. La Iglesia es llamada a cantar colectivamente salmos, e himnos, pero también a cantar colectivamente *cánticos espirituales*. Estos son expresiones libres y espontáneas que salen del corazón y se dirigen al Señor.

El acompañamiento suele ser muy sencillo: algunos acordes tocados como fondo para las voces mientras estas se levantan en adoración. Los adoradores necesitan ser instruidos y animados a cantar sus acciones de gracias y alabanzas al Señor. Los músicos necesitan mantener el patrón de acordes sencillo, fluido y armonioso, evitando acordes que requieran muchos cambios de armonía para los cantores. El énfasis principal del sonido de alabanza es traer soltura al adorador individual mientras expresa su corazón al Señor.

La gente teme a lo desconocido, pero una vez que son guiados en esta experiencia van a tener hambre y sed de cantar su *cántico nuevo* a Dios. Sí se requiere esfuerzo y enseñanza para involucrar a la gente en la alabanza, ¡pero una vez que han saboreado el sonido celestial, van a entrar ávidamente en el estruendo de muchas aguas!

La multitud con palmas: celebrar a Dios

> He aquí una gran multitud, la cual
> nadie podía contar, de todas naciones
> y tribus y pueblos y lenguas, que es-
> taban delante del trono y en la pre-
> sencia del Cordero, vestidos de ropas
> blancas, y con palmas en las manos.
> Apocalipsis 7:9

Las palmas eran usadas en la celebración de la fiesta de los tabernáculos (Levítico 23:40), la fiesta culminante de cosecha y triunfo de Israel. Cuando Jesús entró en Jerusalén la multitud agitaba
palmas y gritaba: "Hosanna", la palabra usada para recibir con
honra: "¡SALVE AHORA!". Es necesario que intervenga la fe en
nuestra adoración; ¡aquello acerca de lo que estamos cantando está a punto de suceder por la presencia del Rey! ¡La adoración no
solo es un memorial del pasado, sino una declaración de la gracia
de Dios presente y disponible! Las palmas nos hablan de la celebración de la presencia victoriosa del Rey.

Tanto el templo de Salomón, como el templo profético de Ezequiel tenían palmas grabadas en las puertas y muros que los confor-
maban. ¡La celebración debe ser una parte permanente del templo
del Nuevo Testamento que está hecho de piedras vivas; de gente!

> Y esculpió todas las paredes de la
> casa alrededor de diversas figuras, de
> querubines, de palmeras y de boto-
> nes de flores, por dentro y por fuera.
> 1 Reyes 6:29

La palmera proveía el descanso y refrigerio para el viajero del
desierto ya que significaba agua, prosperidad y fructificación; su larga raíz perforadora tenía la capacidad de encontrar las aguas sub-
terráneas de vida. ¡La celebración es una larga raíz perforadora que
llega hasta las raíces infinitas de Dios en Cristo!

En muchas iglesias litúrgicas, hay un *domingo de Ramos* que es
el anterior al domingo de Resurrección. En Colosenses dice que
esas fiestas eran sombras de la realidad que experimentamos en
Cristo hoy.

Todo lo cual es sombra de lo que ha
de venir; pero el cuerpo es de Cristo.
Colosenses 2:17

El domingo de Ramos puede suceder cada vez que el pueblo de
Dios se reúne y levantamos nuestras manos (¡palmas!) y corazón a
Dios.

¡El principio espiritual de las palmas se cumple cuando levantamos nuestra alma y nuestras manos al Señor en celebración!

A ti, oh Jehová, levantaré mi
alma.
Salmos 25:1

Oye la voz de mis ruegos cuando
clamo a ti, cuando alzo mis manos
hacia tu santo templo.
Salmos 28:2

Así te bendeciré en mi vida; en tu
nombre alzaré mis manos.
Salmos 63:4

Alzad vuestras manos al santuario, y bendecid a Jehová.
Salmos 134:2

Todo lo creado que está en el cielo, y sobre la tierra, y debajo de la tierra, y en el mar: alabanza como un arma espiritual internacional

Y a todo lo creado que está en el
cielo, y sobre la tierra, y debajo de la
tierra, y en el mar, y a todas las cosas
que en ellos hay, oí decir: Al que está
sentado en el trono, y al Cordero, sea
la alabanza, la honra, la gloria y el poder, por los siglos de los siglos.
Apocalipsis 5:13

Las criaturas siempre han representado a los gentiles, como se evidencia en la visión de Pedro en Hechos 10. Dios tiene un deseo vehemente de ver adoradores de cada nación, tribu y lengua dentro de la comunidad de los redimidos. La adoración es un factor principal en Su plan.

La última gran tentación de Jesús involucró el tema controversial de la adoración. Los reinos del mundo estaban legalmente en las garras de Satanás por la caída y abdicación de Adán. La adoración era el único artículo suficientemente valioso para intercambiarlo por las naciones. Satanás estaba poniendo todo en la línea para detener al Hijo de Dios.

> Y le dijo: Todo esto te daré, si postrado me adorares.
> Mateo 4:9

La adoración gana las naciones. ¡La alabanza y la adoración es el misil de balística intercontinental de Dios, que está en posición para ser lanzado en cantidades masivas por el pueblo de Dios alrededor del mundo! Al plan de ataque del diablo "le salió el tiro por la culata" y ahora Jesús tiene el derecho legal de los grupos étnicos del mundo así como la posición de eminencia más alta en el universo.

> Vete, Satanás, porque escrito está: Al Señor tu Dios adorarás, y a él sólo servirás.
> Mateo 4:10

El Nuevo Testamento confirma que la adoración era el plan eterno de Dios para las naciones. En Romanos 15:9-12, Pablo cita a los *tres grandes* escritores del Antiguo Testamento: David, Moisés e Isaías (todos respaldaron el gran plan de alabanza internacional).

DAVID es citado en el versículo 9: "Por tanto, yo te confesaré entre las naciones, oh Jehová, y cantaré a tu nombre" (Salmos 18:49).

MOISÉS, en el versículo 10: *"Alabad, naciones, a su pueblo, porque él vengará la sangre de sus siervos, y tomará venganza de sus enemigos, y hará expiación por la tierra de su pueblo"* (Deuteronomio 32:43).

DAVID, otra vez, en el versículo 11: *"Alabad a Jehová, naciones todas; pueblos todos, alabadle"* (Salmos 117:1).

ISAÍAS, en su alabanza íntima en el versículo 12: *"Saldrá una vara del tronco de Isaí, y un vástago retoñará de sus raíces. Acontecerá en aquel tiempo que la raíz de Isaí, la cual estará puesta por pendón a los pueblos, será buscada por las gentes; y su habitación será gloriosa"* (Isaías 11:1,10)

Todo el propósito del Antiguo Pacto era que llegara el Mesías, quien tendría un reino universal sostenido y extendido a través de la proclamación de Su Palabra y la trompeta resonante de Su alabanza. ¡Su reino no está sedado, está surgiendo, profundamente dinámico, lleno de regocijo radical, alabanza incontenible y decibeles cada vez más altos de celebración!

Los salmos están llenos de convocatorias apasionadas a todas las naciones para venir y unirse en la coronación del verdadero monarca de la tierra: ¡Jesucristo! David el rey-pastor del antiguo Israel miró proféticamente nuestro día cuando escribió estas palabras desafiantes:

> Te alabaré entre los pueblos, oh
> Señor; cantaré de ti entre las naciones.
> Salmos 57:9

Él escribió estas palabras que todavía no se han cumplido, que se están acercando velozmente a llegar a su destino:

> Todas las naciones que hiciste vendrán y adorarán delante de ti, Señor,
> Y glorificarán tu nombre.
> Salmos 86:9

Capítulo 10

El Espíritu de adoración

Al enseñar la verdad acerca de la adoración, ¡es importante impartir el *espíritu* de adoración! Jesús puso el orden al establecer que el Padre anda buscando adoradores que lo adoren en: 1. Espíritu y 2. Verdad. El espíritu o sinceridad del adorador tiene prioridad sobre el método. ¡Dios está buscando adoradores, no adoración!

Misericordia y no sacrificio

Jesús era famoso por hacer declaraciones desconcertantes y ninguna causó más sobresalto que ésta en el evangelio de Mateo:

> Id, pues, y aprended lo que significa: Misericordia quiero, y no sacrificio.
> Porque no he venido a llamar a justos, sino a pecadores, al arrepentimiento.
> Mateo 9:13

Invalidó las formas religiosas de adoración si estaban carentes de propósito. Estaba exaltando lo interno sobre lo externo. Estaba desmantelando el caparazón de adoración a favor del corazón de adoración (todos tenemos un lado religioso que aprende a llevar a cabo las acciones del cristianismo). El peligro es ofrecer sacrificios sin misericordia y sin la relación de amor que Dios desea tan solícitamente de nosotros. Oseas identificó esta hipocresía siglos antes, cuando le profetizó a la nación de Israel:

> Porque misericordia quiero, y no sacrificio, y conocimiento de Dios más que holocaustos.
> Oseas 6:6

Naamán, el general del ejército Sirio, ilustró esto cuando fue sanado de lepra, en los días de Eliseo, y se convirtió en creyente en Jehová, el Dios de Israel. Naamán sabía que tenía que acompañar a su rey cuando fuera a adorar al dios Rimón, así que le pidió a Eliseo:

> En esto perdone Jehová a tu siervo: que cuando mi señor el rey entrare en el templo de Rimón para adorar en él, y se apoyare sobre mi brazo, si yo también me inclinare en el templo de Rimón; cuando haga tal, Jehová perdone en esto a tu siervo.
> 2 Reyes 5:18

El Señor vio el corazón del hombre y aprobó su petición cuando Eliseo respondió: "Ve en paz". La condición de su corazón era más importante que sus acciones físicas; el espíritu de adoración tomó la prioridad sobre los *actos* de adoración.

La joya perdida recuperada

En su libro *Worship: The Missing Jewel in the Evangelical Church*, A.W. Tozer señala tres elementos esenciales de verdadera adoración del corazón. Se enfoca en la actitud del adorador y hace un llamado a un retorno sincero a la adoración.

1. **"Se debe sentir en el corazón..."** Es con el corazón que un hombre cree y responde a Dios. La mente recibe el mensaje de adoración, pero es el corazón el que es el centro espiritual de nuestro ser. La vida no está en la mente, ¡está en el corazón!

2. **"...se debe expresar de manera apropiada..."** El amor no es amor hasta que se expresa. No se puede enseñar de afuera hacia adentro; uno debe primero enseñar el propósito de amar antes de enseñar la expresión de amor. ¡Una vez que el propósito de amar a Dios es comprendido, la expresión de amor a Dios será espontánea y sin fin!

> La mente recibe,
> El corazón cree,
> La voluntad es convocada,

Las emociones son encendidas,
El cuerpo expresa,
La vida muestra a Cristo

3. **"una actitud humilde, pero que se deleita y se asombra, se admira, se maravilla y se sorprende..."** La admiración y el asombro nacen del contraste. Una persona de pie frente al Gran Cañón en Arizona queda perplejo por la magnitud del tamaño de la obra en contraste con lo pequeño de su habilidad humana. El contraste provoca sorpresa: ¿Quién o qué podría haber exhibido esa magnificencia delante de uno?

¡Cuando comenzamos a escudriñar la vastedad de Dios y Su amor, Su misericordia mostrada a través del sacrificio de Jesús, Su majestad en redención, en creación y en la consumación de Su plan eterno, Su santidad absoluta, y Su plenitud y perfección, inmediatamente somos llevados al contraste de quiénes y qué somos! La diferencia es tan inmensa que quedamos perplejos, pero humildemente nos deleitamos en que Dios haya cerrado el hueco por la encarnación de Su Hijo. El contraste es tan inconmensurablemente enorme que nunca se pierde la sorpresa. Como la belleza de los cielos y la gloria interminable de innumerables estrellas, como el amor de Cristo por Su creación caída nunca puede ser agotado, así la adoración nunca cesará, porque la admiración ante Dios es inmensa.

Palabras del Nuevo Testamento que significan adoración

Hay cuatro palabras diferentes en griego que han sido traducidas al español como *adoración*.

1. *PROSKUNEO*: acatamiento, reverencia, ¡besar!

La mujer con el frasco de alabastro que se menciona en Lucas 7:36-50, definitivamente mostró un espíritu *proskuneo* de adoración.

> Entonces una mujer de la ciudad,
> que era pecadora, al saber que Jesús es-
> taba a la mesa en casa del fariseo, trajo
> un frasco de alabastro con perfume; y
> estando detrás de él a sus pies, llorando,
> comenzó a regar con lágrimas sus pies,

y los enjugaba con sus cabellos; y besa-
ba sus pies, y los ungía con el perfume.
Lucas 7:37-38

SE POSTRÓ CON HUMILDAD

No sintió ninguna vergüenza de postrarse delante de Jesús en presencia de todas las personas allí reunidas. El postrarse fue una respuesta voluntaria que expresaba la relación que había en su corazón. A través de la experiencia humana, la adoración ha sido expresada postrándose delante de Dios.

¡Esto no era algo que ocurriera raramente en la iglesia del Nuevo Testamento!

Lo oculto de su corazón se hace
manifiesto; y así, postrándose sobre
el rostro, adorará a Dios, declarando
que verdaderamente Dios está entre
vosotros.
1 Corintios 14:25

¡Pablo dijo que el incrédulo o el indocto (un cristiano que nunca hubiera escuchado de tales eventos) sería el que cayera delante de Su presencia!

DERRAMÓ SUS EMOCIONES

Y estando detrás de él a sus pies,
llorando.
Lucas 7:38

Llorar es un medio para derramar pesar, amargura, pecado, decepción, pérdida y cada emoción y condición espiritual que no fueron diseñadas para que nosotros las cargáramos durante nuestra vida. ¡Llorar es la válvula de escape del alma! ¡La adoración nos libera así como nos llena!

Mis huidas tú has contado; pon
mis lágrimas en tu redoma; ¿no están
ellas en tu libro?
Salmos 56:8

Llorar precede a grandes cambios en la vida de las personas si lo que lloramos son nuestros caminos egoístas e impíos.

> Porque la tristeza que es según Dios produce arrepentimiento para salvación, de que no hay que arrepentirse; pero la tristeza del mundo produce muerte.
> 2 Corintios 7:10

Llorar también puede ser una expresión de gozo y amor abrumadores.

> Porque un momento será su ira, pero su favor dura toda la vida. Por la noche durará el lloro, y a la mañana vendrá la alegría.
> Salmos 30:5

ENTREGÓ SU PRECIOSA POSESIÓN

El alabastro se forma en un proceso lento por el agua que se filtra de las grietas del suelo que hay alrededor de los manantiales, y forma estalactitas o estalagmitas de alabastro en las cuevas. El perfume también se prepara a través de un proceso lento de molienda, secado y mezcla. La adoración se filtra lentamente en el corazón y espíritu de la gente. Las experiencias demoledoras de la vida son traducidas en perfume a los pies de Jesús. El aceite de la unción de los sacerdotes estaba hecho de especies tanto dulces como amargas. Las experiencias amargas de tu vida están destinadas a ser agregadas a la receta de adoración junto con los recuerdos dulces.

SACRIFICÓ SU HONOR

En 1 Corintios 11:15 se nos dice que el cabello de una mujer es su gloria. Toda traza de orgullo fue borrada por este acto de humildad sublime. Nos impactan los extremos: su cabello está chorreando de perfume y del polvo de los pies de Cristo; ella perdió toda dignidad por este acto radical. Enfureció a los decorosos fariseos que se gloriaban más en el sacrificio que en el amor, todas las barreras humanas de lo aceptable cayeron quebrantadas por esta joya de adoración.

¡Y entonces comenzó a besar incesantemente los pies de Jesús! Simón juzga la situación de una manera equivocada: "Este pobre predicador galileo no sabe nada de la etiqueta apropiada de adoración, esto es totalmente inaceptable en círculos decentes". Jesús resuelve la situación al elogiar el corazón de amor de la mujer y reprender la naturaleza criticona de Simón.

> Honrad al Hijo, para que no se
> enoje, y perezcáis en el camino; pues
> se inflama de pronto su ira. Bienaven-
> turados todos los que en él confían.
> Salmos 2:12

La adoración es radical, no es para los pusilánimes. La gente va a reaccionar ante la presencia de Dios de varias maneras. ¡Va a haber lágrimas y emociones, pero va a ser real! La mujer con el frasco de alabastro es una figura inolvidable de los testimonios de adoración de la Biblia.

2. *SEBOMAI*. Reverenciar una deidad sin acción.

Este término significa una vida de adoración que no tiene ningún impacto sobre nuestros valores, juicios y emociones; una forma de piedad sin poder. Jesús ataca las tradiciones de los fariseos en Mateo 15 utilizando esta palabra:

> Este pueblo de labios me honra
> [sebomai]; mas su corazón está lejos
> de mí.
> Mateo 15:8

¡Nada crea una tradición más rápidamente que los estilos de adoración, y sorprendentemente sentimos que nuestra tradición particular de adoración es la más auténtica y bíblica! Es importante diferenciar los mandamientos de hombre de los mandamientos bíblicos en el área de adoración, y repasarlos y actualizarlos constantemente. Mandamientos como:

> Usarás órgano en el servicio...
> Cantarás himnos y un estribillo...
> Cantarás las canciones alegres
> primero, y después las más lentas...
> Los miembros del coro llevarán togas...

No tocarás instrumentos de música durante la oración...

Estar continuamente revisando la manera de adorar, es muy importante, para evitar que las tradiciones sin fruto dominen nuestros
tiempos de adoración. Hacer que de vez en cuando ministerios ex-
ternos evalúen la adoración de una congregación provee una manera fresca de ver las cosas.

Incluso las formas contemporáneas de adoración, como que las
guitarras reemplacen a los teclados, que los sintetizadores sustitu-
yan al órgano, etc. pueden convertirse en formas inamovibles, so-
focantes y exclusivas. El escriba sabio de su tesoro saca cosas nuevas y viejas. La adoración debe ser como la convergencia de dos
ríos, donde los las corrientes de lo fresco y nuevo se mezclan con
las aguas de lo viejo y familiar. ¡Recuerda, lo viejo y familiar una vez
fue fresco y nuevo!

3. *ETHELOTHRESKEIA*. Adoración autoimpuesta.

Hay dos extremos de adoración con los que Pablo trata en Colosenses 2:18-23. Por un lado, desacredita el misticismo, en el versículo 18:

> Nadie os prive de vuestro pre-
> mio, afectando humildad y culto a
> los ángeles.
> Colosenses 2:18

En el otro extremo está la adoración legalista, formalizada, que
está sobrecargada de reglas y normas, en el versículo 23:

> Tales cosas tienen a la verdad cier-
> ta reputación de sabiduría en culto
> [adoración] voluntario, en humildad y
> en duro trato del cuerpo; pero no tie-
> nen valor alguno contra los apetitos
> de la carne.
> Colosenses 2:23

En el centro está la verdadera perspectiva de contemplar a Jesús en Su verdad y poder, en el versículo 19:

> Y no asiéndose de la Cabeza, en
> virtud de quien todo el cuerpo, nu-
> triéndose y uniéndose por las coyun-
> turas y ligamentos, crece con el creci-
> miento que da Dios.
> Colosenses 2:19

Dos de las posturas son impostoras, son la adoración que uno se impone a sí mismo para tomar el lugar de *proskuneo*. La verdadera adoración camina por el camino angosto, que pasa entre lo demasiado místico y lo demasiado formal para llevarnos a Cristo en toda Su gloria.

4. *SEBAZOMAI*. Honrar religiosamente.

> Ya que cambiaron la verdad de
> Dios por la mentira, honrando y dan-
> do culto a las criaturas antes que al
> Creador, el cual es bendito por los si-
> glos. Amén.
> Romanos 1:25

De una manera bastante extraña, en medio de toda esta falsa adoración, Pablo da las claves esenciales para el *espíritu* de adoración que debe estar en cada uno de nosotros:

> Pues habiendo conocido a Dios,
> no le glorificaron como a Dios, ni le
> dieron gracias, sino que se envanecie-
> ron en sus razonamientos, y su necio
> corazón fue entenebrecido.
> Romanos 1:21

El AGRADECIMIENTO es el elemento esencial para el espíritu de adoración. Sin un espíritu agradecido, la vida de uno se enreda y la vacuidad penetra. El corazón se entenebrece y uno comienza a cambiar la gloria de Dios por otras cosas. La expresión de la adoración descansa sobre esta actitud sencilla del corazón que dice: "Gracias, Señor". Cultive el agradecimiento y cultivara la adoración, si uno abandona el agradecimiento la vacuidad y las tinieblas penetran. El agradecimiento le da valor a las experiencias de la vida. Aunque no disfrutamos todo lo que la vida nos presenta, el agradecimiento lleva a Dios a la escena y conduce a una vida de victoria y plenitud.

Entrad por sus puertas con acción de gracias, por sus atrios con alabanza; alabadle, bendecid su nombre.
Salmos 100:4

Así que, ofrezcamos siempre a Dios, por medio de él, sacrificio de alabanza, es decir, fruto de labios que confiesan su nombre.
Hebreos 13:15

Dad gracias en todo, porque esta es la voluntad de Dios para con vosotros en Cristo Jesús.
1 Tesalonicenses 5:18

El agradecimiento es el incienso dulce que hace que nuestra oración y nuestra alabanza se eleven. ¡Es la fe operando a su máximo nivel, es el ingrediente activo de la adoración!

Parte tres

La práctica de la adoración

Capítulo 11

Los cantores

Los cantores iban delante, los músicos detrás;
En medio las doncellas con panderos.
Salmos 68:25

Los cantos de la iglesia

El reino de Dios está creciendo en todo el mundo pasando a través de barreras denominacionales, políticas y étnicas. Se escriben canciones que le dan la vuelta al globo en semanas que impactan al Cuerpo de Cristo con reverberaciones proféticas. ¡Todos los segmentos de la Iglesia, internacionalmente, están comenzando a unirse a la proclamación musical de que Cristo es Rey, Redentor y Señor de todos! Conciertos, servicios de adoración transmitidos a toda la ciudad o nación, marchas por Jesús, con orquestas o pequeños grupos de música de adoración, ...cada escenario concebible está siendo reclamado como una avenida para exaltar a Cristo en alabanza exuberante. Las canciones escritas en Inglaterra están siendo cantadas en América del Sur, canciones de México están siendo exportadas a los Estados Unidos, canciones de Australia se abren camino en ruso; un desfile invisible de canciones está marchando, uniendo este gran reino de sacerdotes en alabanza sin fin.

En el centro del Reino del Espíritu Santo hay cánticos que expresan el amor de Dios a nosotros y nuestro amor a Él. Dios es un *romántico* espiritual, y llena Su reino de cánticos que recuerdan Su plan de redención, enseñan Su ley, llevan Su palabra profética, explican Su amor y misericordia, levantan al quebrantado, animan al cansado, celebran Sus victorias y derraman Su gracia.

Elmer Burnett fue un ministro que cuando se retiró criaba canarios cantantes, en Albany, Oregon. Me explicó que los pájaros no son valorados por su plumaje, sino por su habilidad para cantar. Entre más bello y variado se vuelva el canto de un pájaro, aumenta su valor. Los pájaros no cantan naturalmente, sino que son enseñados a cantar por sus padres. Hay ciertos linajes de pájaros que son reconocidos por su habilidad superior de cantar. La analogía es obvia: ¡Nosotros, que hemos sido tomados de las tinieblas, hemos sido llevados a una atmósfera en la que nuestro Padre Celestial nos enseña los cantos de redención, nos hace parte del linaje de adoradores y nos prepara para una eternidad de alabanza y adoración!

Las partes que constituyen una canción

• **Palabras:** La articulación del pensamiento en lenguaje es el corazón de la canción. Dios nos dejó su cancionero: los Salmos, los cuales están hechos por palabras, pero sin música. Él quería que cada generación expresara Sus pensamientos en su propio estilo musical.

• **Melodía:** La melodía es el ascenso y descenso de tonos que se relacionan con el sentido de las palabras de la canción. Sería inapropiado ponerle una tonada *brincolina* al libro de Lamentaciones de Jeremías. Las palabras alegres llaman melodías vivas y gozosas.

• **Acordes:** Los acordes son notas tocadas simultáneamente que expresan la emoción de la melodía y revisten el mensaje de la canción.

• **Ritmo:** El ritmo es el lenguaje que expresa el latir de una canción, ya sea poderoso o apacible.

Cantos en la Biblia

De tapa a tapa, el testimonio de Dios en Su Palabra está lleno de cantos. Son palabras inmortales: el Padre le está enseñando a Su pueblo a cantar. ¡No es nuestro plumaje, sino nuestro canto y alabanza, lo que Él valora!

Los cantos de la Biblia

Cántico de Moisés: En Éxodo 15:1 se canta el primer canto registrado: "Cantaré yo a Jehová, porque se ha magnificado grandemente".

Cántico del pozo: "Sube, oh pozo; a él cantad" (Números 21:17).

Cántico del testimonio: "Ahora pues, escribió este cántico, y enséñalo a los hijos de Israel" (Deuteronomio 31:19).

Cántico de Débora: "Despierta, despierta, Débora; despierta, despierta, entona cántico" (Jueces 5:12).

Cántico de liberación de David: "Viva Jehová, y bendita sea mi roca, y engrandecido sea el Dios de mi salvación" (2 Samuel 22:47).

Cántico del Señor: "Y cuando comenzó el holocausto, comenzó también el cántico de Jehová, con las trompetas y los instrumentos de David rey de Israel" (2 Crónicas 29:27).

Cánticos en la noche: "¿Dónde está Dios mi Hacedor, Que da cánticos en la noche?" (Job 35:10).

Mi cántico de alabanza: "Y con mi cántico le alabaré" (Salmos 28:7).

Cánticos de liberación: "Con cánticos de liberación me rodearás" (Salmos 32:7).

Cántico nuevo bien tocado: "Cantadle cántico nuevo; hacedlo bien, tañendo con júbilo" (Salmos 33:3).

Cántico nuevo de alabanza: "Puso luego en mi boca cántico nuevo, alabanza a nuestro Dios. Verán esto muchos, y temerán, y confiarán en Jehová" (Salmos 40:3).

Cántico de oración: "Y de noche su cántico estará conmigo, y mi oración al Dios de mi vida" (Salmos 42:8).

Cántico de exaltación: "Alabaré yo el nombre de Dios con cántico, lo exaltaré con alabanza" (Salmos 69:30).

Cántico de memoria: "Me acordaba de mis cánticos de noche" (Salmos 77:6).

Cántico nuevo de toda la tierra: "Cantad a Jehová cántico nuevo; cantad a Jehová, toda la tierra" (Salmos 96:1).

Cántico nuevo de victoria: "Cantad a Jehová cántico nuevo, porque ha hecho maravillas; su diestra lo ha salvado, y su santo brazo" (Salmos 98:1).

Cántico de fortaleza: "Mi fortaleza y mi cántico es JAH, y él me ha sido por salvación" (Salmos 118:14).

Cántico de la ley: "Cánticos fueron para mí tus estatutos en la casa en donde fui extranjero" (Salmos 119:54).

Cántico de Sion: "Cantadnos algunos de los cánticos de Sion" (Salmos 137:3).

Cántico de instrumento de cuerdas: "Oh Dios, a ti cantaré cántico nuevo; con salterio, con decacordio cantaré a ti" (Salmos 144:9).

Cántico nuevo de alegría: "Cantad a Jehová cántico nuevo (...) Los hijos de Sion se gocen en su Rey" (Salmos 149:1-2).

Cantar de los cantares: Salomón, en Cantares 1:1 canta el Cantar de los cantares.

Cantar de la viña: "Ahora cantaré por mi amado el cantar de mi amado a su viña" (Isaías 5:1).

Canción de salvación: "Mi canción es JAH Jehová, quien ha sido salvación para mí" (Isaías 12:2).

Cántico de la ciudad fuerte: "En aquel día cantarán este cántico en tierra de Judá: Fuerte ciudad tenemos; salvación puso Dios por muros y antemuro" (Isaías 26:1).

Cántico de alegría de fiesta: "Vosotros tendréis cántico como de noche en que se celebra pascua, y alegría de corazón, como el que va con flauta para venir al monte de Jehová" (Isaías 30:29).

Cántico nuevo de las costas: "Cantad a Jehová un nuevo cántico (...) los que descendéis al mar (...) las costas y los moradores de ellas" (Isaías 42:10).

Canción de gozo en el corazón: "Hablando entre vosotros con salmos, con himnos y cánticos espirituales, cantando y alabando al Señor en vuestros corazones" (Efesios 5:19).

Canción de la Palabra de Cristo: "La palabra de Cristo more en abundancia en vosotros, enseñándoos y exhortándoos unos a otros en toda sabiduría, cantando con gracia en vuestros corazones al Señor con salmos e himnos y cánticos espirituales" (Colosenses 3:16).

Cántico de la redención: "Y cantaban un nuevo cántico, diciendo: Digno eres (...) porque tú fuiste inmolado, y con tu sangre nos has redimido para Dios" (Apocalipsis 5:9).

Un cántico nuevo delante del trono: "Y cantaban un cántico nuevo delante del trono, y delante de los cuatro seres vivientes, y de los ancianos; y nadie podía aprender el cántico sino aquellos ciento cuarenta y cuatro mil que fueron redimidos de entre los de la tierra" (Apocalipsis 14:3).

El cántico de Moisés y el cántico del Cordero: "Y cantan el cántico de Moisés siervo de Dios, y el cántico del Cordero, diciendo: Grandes y maravillosas son tus obras, Señor Dios Todopoderoso; justos y verdaderos son tus caminos, Rey de los santos" (Apocalipsis 15:3).

¡Los montes están vivos con el sonido de la música! La forma de cantar

La Biblia nos habla mucho acerca de la manera en la que debemos cantar. Las palabras en el original significan: "Celebrar con canto y música. Lucir, exhibir o presumir, aclamar ridículamente. Cantores que caminan de un lado a otro". Lo cual implica tocar instrumentos al cantar. ¡Incluso se les anima a los que no cantan bien a que lo hagan, ya que una de las palabras significa: "Chillar, cantar en alta voz de gozo y triunfo"! ¡Aun si uno no puede entonar una melodía, puede *chillar* y hacer un ruido jubiloso al Señor!

El Nuevo Testamento da dos beneficios al cantar:

1. En Efesios 5:18-19, el versículo dieciocho dice que cantar nos vuelve a llenar del Espíritu Santo. El versículo 19 dice: "Cantando y alabando al Señor en vuestros corazones". La música cristiana debe ser melodiosa y venir del corazón. ¡El corazón es el mecanismo de fe dentro del cristiano y los cánticos melodiosos activan y rejuvenecen nuestro *creyente*!

2. Colosenses 3:16 nos da el segundo beneficio: "Cantando con gracia en vuestros corazones al Señor". Han emergido dos interpretaciones de este texto; ambas legítimas.

a. Cantamos por la gracia que Dios ha derramado en nosotros; es un fluir de la abundancia de vida que Él ha depositado en nosotros.

b. Cantamos para crear una avenida por la cual la gracia puede ser derramada en nuestro corazón. ¡El acto de cantar lleva con él la garantía de Dios para suplir gracia! El cristiano *canta a su necesidad*: dondequiera que carezca de gracia en la vida, cante canciones que expresen la provisión de Dios, ¡cante hasta que el pozo salte dentro de usted!

En Apocalipsis 11:1, dice: "Levántate, y mide (...) a los que adoran en él". Uno de los barómetros espirituales más precisos de una persona o congregación es si adoran con todo el corazón o no. ¡En donde los corazones estén buscando a Dios en fe va a haber adoración con gusto! Lo contrario tristemente es verdad. Donde no haya fe o expectación, va a haber parcimonia espiritual, los preparativos de la muerte espiritual.

Los salmos expresan esto de cantar de todo corazón al Señor.

> Te alabaré, oh Jehová, con todo
> mi corazón; contaré todas tus maravillas. Me alegraré y me regocijaré en ti;
> cantaré a tu nombre, oh Altísimo.
> Salmos 9:1-2

> Pronto está mi corazón, oh Dios,
> mi corazón está dispuesto; cantaré, y
> trovaré salmos.
> Salmos 57:7

> Te alabaré con todo mi corazón; delante de los dioses te cantaré salmos.
> Salmos 138:1

¡Cantar es cirugía de corazón, es una transfusión de gracia, es entrenar los músculos espirituales, es el flujo de vida del Espíritu!

Nuestros labios, boca y lengua

¡Nuestros labios, boca y lengua deben ser abiertos y soltados para cantar al Señor. Es obvio que los órganos que crean cánticos deben ser activados para liberar la canción del Señor!

> Señor, abre mis labios, y publicará
> mi boca tu alabanza.
> Salmos 51:15

> Mis labios se alegrarán cuando
> cante a ti.
> Salmos 71:23

Puso luego en mi boca cántico nuevo, alabanza a nuestro Dios. Verán esto muchos, y temerán, y confiarán en Jehová.
Salmos 40:3

La alabanza de Jehová proclamará mi boca; y todos bendigan su santo nombre eternamente y para siempre.
Salmos 145:21

Entonces nuestra boca se llenará de risa, y nuestra lengua de alabanza.
Salmos 126:2

Nuestra alma

Nuestra alma es la suma total de nuestro ser interior, de nuestra inteligencia, nuestra memoria, nuestra capacidad de razonar, nuestra capacidad emocional de amar u odiar, de nuestras actitudes: de todos los ingredientes de nuestra identidad personal. Dios llama a nuestra alma a que cante y bendiga al Señor; ninguna parte de nuestra persona debe quedar muda en Su presencia, ¡cada fibra de nuestra existencia debe enfocar su admiración en Dios!

Bendice, alma mía, a Jehová, y bendiga todo mi ser su santo nombre. Bendice, alma mía, a Jehová, y no olvides ninguno de sus beneficios.
Salmos 103:1-2

Alaba, oh alma mía, a Jehová. Alabaré a Jehová en mi vida; cantaré salmos a mi Dios mientras viva.
Salmos 146:1-2

En tiempos difíciles

Dios llama al afligido, al estéril y al oprimido a que canten a Él. Una canción es una convocación a Dios, una apertura para que la gracia supla la necesidad humana. ¡Es mucho más que una expresión de gozo, es clamar en oración, es buscar fe y fortaleza con desesperación!

> Tus muertos vivirán; sus cadáveres resucitarán. ¡Despertad y cantad, moradores del polvo!, porque tu rocío es cual rocío de hortalizas, y la tierra dará sus muertos.
>
> Isaías 26:19

> Se alegrarán el desierto y la soledad; el yermo se gozará y florecerá como la rosa. Florecerá profusamente, y también se alegrará y cantará con júbilo; la gloria del Líbano le será dada, la hermosura del Carmelo y de Sarón. Ellos verán la gloria de Jehová, la hermosura del Dios nuestro.
>
> Isaías 35:1-2

> Regocíjate, oh estéril, la que no daba a luz; levanta canción y da voces de júbilo, la que nunca estuvo de parto; porque más son los hijos de la desamparada que los de la casada, ha dicho Jehová.
>
> Isaías 54:1

Temas de los cantos

La abrumadora inspiración del canto es el amor y la misericordia de Dios. Su gracia crea una canción en los corazones de Sus hijos. Él es un Padre amante, rodeado por hijos agradecidos que adoran a Aquel que los amó y los redimió.

Su misericordia: "Porque mejor es tu misericordia que la vida; mis labios te alabarán" (Salmos 63:3). "Alabaré de mañana tu misericordia" (Salmos 59:16).

Su verdad: "Asimismo yo te alabaré con instrumento de salterio, oh Dios mío; tu verdad cantaré a ti en el arpa, oh Santo de Israel" (Salmos 71:22).

Su poder: "Pero yo cantaré de tu poder" (Salmos 59:16).

Su santidad: "Dad a Jehová la gloria debida a su nombre; adorad a Jehová en la hermosura de la santidad" (Salmos 29:2).

Sus obras: "Alabadle por sus proezas; alabadle conforme a la muchedumbre de su grandeza" (Salmos 150:2).

Salmos 148: ¡Todo va a cantar!

¡Toda la creación, desde el orden más alto hasta el orden más bajo de seres creados, ha sido convocada para cantar alabanzas al Rey de reyes y Señor de señores! Las alturas, los ángeles, las huestes, el sol, la luna, las estrellas y las aguas sobre los cielos. También las criaturas del mar, los elementos del fuego, el agua y el viento. A las montañas y las colinas se les ordena que alaben, junto con la flora de la tierra, árboles frutales y cedros. Siguen los animales, los insectos y las aves.

Finalmente, vuelve a la creación humana: los reyes, príncipes y jueces, los jóvenes, los viejos y los niños. Somos los únicos que respondemos sobre la base de nuestra voluntad. ¡Podemos permanecer enajenadamente silentes o escoger dirigir la sinfonía sin fin del universo!

> Alaben el nombre de Jehová, por-
> que sólo su nombre es enaltecido. Su
> gloria es sobre tierra y cielos.
> Salmos 148:13

Capítulo 12

Los músicos

¡Dios ama los instrumentos!

> Y cantores y tañedores en ella di-
> rán: Todas mis fuentes están en ti.
> Salmos 87:7

En el Nuevo Testamento se nos manda cantar salmos, los cuales llevan numerosos llamados a alabar con instrumentos. ¿Te ima-
ginas cantar las canciones majestuosas de Dios y después no hacer
lo que dicen? ¡Cantar: "Alabadle a son de bocina"... pero, no tocar trompetas en la iglesia, o: "Alabadle con címbalos resonantes",
pero no tener címbalos resonantes en la iglesia! ¡Dios no es incon-
gruente consigo mismo, debemos llenar la tierra con sonidos de
instrumentos!

> Y David y toda la casa de Israel
> danzaban delante de Jehová con to-
> da clase de instrumentos de madera
> de haya; con arpas, salterios, pande-
> ros, flautas y címbalos.
> 2 Samuel 6:5

El piano más hermoso del mundo

En el otoño de 1985 nuestra congregación estaba buscando un piano que hiciera juego con el santuario y el edificio recién remodelados.

Fuimos a una tienda de pianos en la ciudad vecina de Portland para ver lo que ofrecían. Como soy pianista, ¡era una misión deleitosa el tener que probar todos los pianos del salón de exhibición! Acudí con un maestro afinador de pianos, Don Fleming, y él comenzó a mostrarme los diferentes instrumentos. Había muchos pianos buenos en el rango de ocho mil a trece mil dólares; la cantidad que se me había autorizado gastar. Eran instrumentos de segunda mano, pero adecuados para satisfacer las necesidades de nuestra pequeña, pero creciente, congregación.

El piano más hermoso que he visto estaba sobre una plataforma en el centro del salón de exhibición. Don explicó que este era un Boesendoerfer hecho en Austria, el piano más fino de todos los pianos del mundo. Algunos pueden discutir el asunto de *el más fino*, pero nadie puede discutir que es uno de los de la elite de los mejores. Le dije a Don que no quería tocarlo porque no podría después apreciar las cualidades de los pianos más modestos, pero más adecuados para lo que podíamos pagar. Después de probar todos los demás, mi curiosidad de pianista me abrumó. Me senté en el brillante Boesendoerfer y comencé a tocar. Estaba maravillado de la hermosura del sonido, su claridad, su ambientación sonora; ¡estaba increíble! Comencé a tocar mis composiciones originales de adoración. Toqué y toqué, y después toqué un poco más. Hizo salir de mí algo que yo no sabía que estaba ahí, una excelencia que no siempre era expresada en mi manera de tocar.

De pronto sentí la presencia de alguien detrás de mí. Me di la vuelta y me presenté al hombre que era el dueño de la tienda. Me preguntó qué estaba tocando y le dije que eran canciones cristianas de adoración. El dijo: "¡Usted debe tener este piano!". Yo respondí: "Disculpe, pero va más allá de nuestro presupuesto. El precio del piano de cola usado era de $38,500 dólares. Él reiteró: "Usted debe tener este instrumento". Respondí: "¡No podemos pagarlo!". Me pidió mi teléfono y mi dirección. Cuando salí por la puerta, sentí que el Espíritu Santo me preguntó: "¿Y si yo quiero que mi Iglesia tenga el piano más hermoso del mundo?". Mi respuesta fue breve y carente de fe: "Entonces Tú vas a tener que pagarlo".

Después de un par de días, recibí una llamada del dueño de la tienda. Me dijo que yo debería tener uno de esos instrumentos y que me vendería el último nuevo por mil dólares sobre el costo. Lo llevé con los ancianos de la iglesia, sintiendo que el Señor estaba iniciando algo milagroso. Convocamos a una junta para discutir el costo de veintitrés mil dólares, y mientras estábamos orando uno de nuestros diáconos, Floyd Carlson, me llamó. Estaba muy emocionado y me dijo que había un hombre tocando un piano en la televisión cristiana y que el Espíritu lo había impulsado a llamarme y decirme que necesitábamos comprar un piano igual a ese. Floyd no sabía nada acerca de la junta o de que yo estaba considerando comprar un gran piano Boesendoerfer. Los ancianos y yo encendimos el televisor en el canal y ahí estaba un hombre tocando exactamente el mismo piano que el dueño de la tienda estaba prácticamente tratando de ofrendarnos. Los ancianos, siendo maravillosamente espirituales y sabios en nuestras finanzas acordaron unánimemente comprar el piano y todavía está en nuestro santuario hoy en día.

Como el Boesendoerfer, Dios quiere que Su Iglesia sea el mejor instrumento del mundo, que exprese el sonido más grande del universo, ¡el sonido de la adoración! Él trata el material con el más alto cuidado, nos ensambla con precisión y exactitud, nos pule una y otra vez hasta que brillamos y reverberamos con el cántico de la redención.

Hacedlo bien

Dios está buscando a aquellos que toquen bien sus instrumentos. Debe haber dedicación, práctica y persistencia para dominar el instrumento y ser capaces de expresar los pensamientos del Espíritu Santo en formas musicales. ¡Aquellos que tocan por nota deben aprender a tocar de oído y aquellos que tocan de oído deben darse a la tarea de tocar por nota! Los padres juegan un papel clave para ayudar a sus hijos a practicar constantemente y mantenerlos motivados. Temprano, cada mañana, mi mamá me despertaba para que pudiera practicar de cuarenta y cinco minutos a una hora. ¡Estoy en deuda con su persistencia! No hubiera existido un Wolfang A. Mozart si su padre Leopoldo no le hubiera enseñado y lo hubiera animado.

Estas son Escrituras inspiradoras que alientan el virtuosismo así como la unción:

Y Quenanías, principal de los levitas en la música, fue puesto para dirigir
el canto, porque era entendido en ello.
1 Crónicas 15:22

Y de los levitas, todos los entendi-
dos en instrumentos de música.
2 Crónicas 34:12

Cantadle cántico nuevo; hacedlo
bien, tañendo con júbilo.
Salmos 33:3

Diga, pues, nuestro señor a tus
siervos que están delante de ti, que
busquen a alguno que sepa tocar el
arpa.
1 Samuel 16:16

Y el número de ellos, con sus her-
manos, instruidos en el canto para Jehová, todos los aptos, fue doscientos
ochenta y ocho.
1 Crónicas 25:7

Los instrumentos de cuerda: expresan el corazón de Dios

Los instrumentos de cuerda apelan a nosotros de una manera
poderosa porque nosotros escuchamos con un juego de cuerdas en
nuestro oído y cantamos con un juego de cuerdas conocidas como
las cuerdas vocales. Dios nos ha hecho un *instrumento de cuerda*,
capaz de sentir el mismo corazón de Dios. En la música hay un fenómeno llamado *la cuerda simpática*: cuando una cuerda es pulsa-
da o percutida, otras cuerdas en la misma secuencia vibratoria comienzan a vibrar en *simpatía* con la cuerda original. Espiritualmente

somos como *la cuerda simpática*: ¡Dios establece el tono de la adoración y nosotros comenzamos a responder a Él en armonía!

La música vocal se acompaña muy a menudo con instrumentos de cuerda en la Escritura. Los instrumentos de cuerda tienen la habilidad de ser al mismo tiempo de percusión (rítmicos), armónicos (acordes) y melódicos: ¡la perfecta combinación para cantar y tocar! Ezequías expresó esto en su celebración de la vida:

> Jehová me salvará; por tanto cantaremos nuestros cánticos [con instrumentos de cuerda] en la casa de Jehová todos los días de nuestra vida.
> Isaías 38:20

David exuberantemente proclama: "Oh Dios, a ti cantaré cántico nuevo; con salterio, con decacordio cantaré a ti" (Salmos 144:9.

¡La eternidad definitivamente está a favor de los instrumentos de cuerda! Los cuatro seres vivientes y los veinticuatro ancianos tenían un arpa cada uno para acompañar el cántico nuevo, en Apocalipsis 5:8-9. El estruendo de 144 mil cantando el cántico nuevo, en Apocalipsis 14:2-3, es acompañado por sus arpas.

El salmista llama a la infinita variedad de instrumentos de cuerda para utilizar sus sonidos en alabanza al Señor:

> Bueno es alabarte, oh Jehová, y cantar salmos a tu nombre, oh Altísimo; en el decacordio y en el salterio, en tono suave con el arpa.
> Salmos 92:1,3

Aliviado por los instrumentos de cuerda

El primer libro de Samuel 16:14-23 dice que Saúl era atormentado por un espíritu malo. La solución para este ataque satánico era: "Busquen a alguno que sepa tocar el arpa, para que cuando esté sobre ti el espíritu malo de parte de Dios, él toque con su mano, y tengas alivio".

David era el hombre que llenaba esta descripción perfectamente ya que él sabía tocar bien. El significado de las palabras de este pasaje denota un sonido hermoso y agradable. El espíritu malo era *desarmado, desactivado y echado fuera* por las melodías que salían del corazón de David y de sus manos. Saúl era aliviado y revivido por el sonido del instrumento de cuerda.

Trompetas: el aliento de Dios

Las trompetas o instrumentos de viento que son tocado con una boquilla de metal, ciertamente son los más poderosos de los instrumentos que producen melodía. Cuando son tocados suavemente, su sonido es a la vez lleno de fuerza y profundamente cálido y afectuoso. A través de la Escritura son utilizados para advertir, hablar y comunicar las directrices y mandamientos de Dios a Su pueblo y al mundo. ¡Una trompeta no puede ser ignorada cuando se toca en alto volumen! La trompeta es un sinónimo de la voz de Dios en la Escritura y es representante del ministerio profético que hace resonar el mensaje del Señor. Aquellos que tocan estos instrumentos deben estar conscientes de su significado profético. ¡La variedad de usos para las trompetas en las Escrituras subraya su gran importancia!:

Las bocinas de la ley: "Y sonido de bocina muy fuerte" (Éxodo 19:16).

Las trompetas de convocación y dirección: Hazte dos trompetas de plata (...) para convocar la congregación, y para hacer mover los campamentos" (Números 10:2).

Las bocinas de poder: "Y cuando los sacerdotes tocaron las bocinas la séptima vez, Josué dijo al pueblo: Gritad, porque Jehová os ha entregado la ciudad" (Josué 6:16).

La trompeta de coronación: "Y allí lo ungirán el sacerdote Sadoc y el profeta Natán como rey sobre Israel, y tocaréis trompeta, diciendo: ¡Viva el rey Salomón!" (1 Reyes 1:34).

Las trompetas de Su presencia: "También los sacerdotes Benaía y Jahaziel sonaban continuamente las trompetas delante del arca del pacto de Dios" (1 Crónicas 16:6).

Las trompetas de la dedicación: "(...y con ellos ciento veinte sacerdotes que tocaban trompetas), cuando sonaban, pues, las trompetas, y cantaban todos a una, para alabar y dar gracias a Jehová, y a medida que alzaban la voz con trompetas y címbalos y otros instrumentos de música (...) entonces la casa se llenó de una nube, la casa de Jehová" (2 Crónicas 5:12-13).

Las trompetas de victoria: "Y todo Judá y los de Jerusalén, y Josafat (...) volvieron para regresar a Jerusalén gozosos, (...) con salterios, arpas y trompetas, a la casa de Jehová" (2 Crónicas 20:27-28).

Las trompetas de la ofrenda: "Y cuando comenzó el holocausto, comenzó también el cántico de Jehová, con las trompetas y los instrumentos de David rey de Israel" (2 Crónicas 29:27).

Las trompetas del cimiento: "Y cuando los albañiles del templo de Jehová echaban los cimientos, pusieron a los sacerdotes vestidos de sus ropas y con trompetas (...) para que alabasen a Jehová" (Esdras 3:10).

Las trompetas de la ascensión: "Subió Dios con júbilo, Jehová con sonido de trompeta" (Salmos 47:5).

Las trompetas de gozo: "Aclamad con trompetas y sonidos de bocina, delante del rey Jehová" (Salmos 98:6).

Las trompetas de alabanza: "Alabadle a son de bocina; alabadle con salterio y arpa" (Salmos 150:3).

Las trompetas de la profecía: "Clama a voz en cuello, no te detengas; alza tu voz como trompeta, y anuncia a mi pueblo su rebelión, y a la casa de Jacob su pecado" (Isaías 58:1).

Las trompetas de alarma: "Tocad trompeta en Sion, y dad

alarma en mi santo monte; tiemblen todos los moradores de la tierra, porque viene el día de Jehová, porque está cercano" (Joel 2:1).

Las trompetas de la cosecha de hombres: "Y enviará sus ángeles con gran voz de trompeta, y juntarán a sus escogidos, de los
cuatro vientos, desde un extremo del cielo hasta el otro" (Mateo
24:31).

Las trompetas de batalla: "Y si la trompeta diere sonido in-
cierto, ¿quién se preparará para la batalla?" (1 Corintios 14:8).

Las trompetas de resurrección: "En un momento, en un abrir
y cerrar de ojos, a la final trompeta; porque se tocará la trompeta,
y los muertos serán resucitados incorruptibles, y nosotros seremos
transformados" (1 Corintios 15:52).

La trompeta de la voz de Jesús: "Yo estaba en el Espíritu en
el día del Señor, y oí detrás de mí una gran voz como de trompeta"
(Apocalipsis 1:10).

¡La trompeta final!: "El séptimo ángel tocó la trompeta, y hubo grandes voces en el cielo, que decían: Los reinos del mundo han
venido a ser de nuestro Señor y de su Cristo; y él reinará por los siglos de los siglos" (Apocalipsis 11:15).

¡Los trompeteros del Señor tienen una herencia asombrosa y un
precedente para tocar con poder y autoridad, dirigiendo, convocan-
do, dando alarma, resucitando, dando poder, alabando y haciendo
que se goce el corazón del pueblo de Dios!

Las maderas o flautas: expresan las emociones de Dios

¡Las flautas y maderas están en el amplio rango conocido como
instrumentos de viento, incluyen a las flautas, clarinetes, oboes, sa-
xofones, fagotes, gaitas y una multitud de otros! La Biblia describe
estos instrumentos como flautas.

La palabra hebrea es *uwgab* que significa: "Soplar un instrumento de caña". Se deriva de una raíz que significa: "Suspirar por,

amar, dote, amante". Las maderas son instrumentos que expresan muy bien las emociones y pueden interpretar las diferentes maneras de sentir del Espíritu Santo hacia Su pueblo.

La flauta de gozo: "Vosotros tendréis cántico como de noche en que se celebra pascua, y alegría de corazón, como el que va con flauta para venir al monte de Jehová, al Fuerte de Israel" (Isaías 30:29).

La flauta de alabanza: "Alabadle con cuerdas y flautas" (Salmos 150:4).

La flauta de adoración: "Que al oír el son de la bocina, de la flauta, del tamboril, del arpa, del salterio, de la zampoña y de todo instrumento de música, os postréis y adoréis la estatua de oro que el rey Nabucodonosor ha levantado" (Daniel 3:5).

La flauta de danza: "Os tocamos flauta, y no bailasteis" (Lucas 7:32).

La flauta profética: "Encontrarás una compañía de profetas que descienden del lugar alto, y delante de ellos salterio, pandero, flauta y arpa, y ellos profetizando" (1 Samuel 10:5).

Las flautas de Babilonia: "Y voz de arpistas, de músicos, de flautistas y de trompeteros no se oirá más en ti; y ningún artífice de oficio alguno se hallará más en ti, ni ruido de molino se oirá más en ti" (Apocalipsis 18:22).

La flauta del lamento: "Al entrar Jesús en la casa del principal, viendo a los que tocaban flautas, y la gente que hacía alboroto" (Mateo 9:23, Job 30:31. Jeremías 48:36).

Los instrumentos de percusión: ¡expresan el latir del corazón de Dios!

Hosanna Christian Fellowship en la ciudad de Nueva York es uno de los escenarios de adoración más vibrantes que alguna vez se puede experimentar. El pastor, Danny Bonilla, no solo es un líder excepcional, sino que es todo un percusionista, y su esposa Giselle es una cantante talentosa. Su reunión comienza con tres juegos de tambores amplificados con micrófono que establecen la cadencia del ritmo: ¡no pueden pasar inadvertidos! Su adoración no es para los pusilánimes. Están en lo profundo del centro de Nueva York y su música es un llamado a la guerra. El primer juego de tambores es la batería convencional con címbalos, tambores con malla de metal, tambores al aire y demás. El segundo es un juego completo de congas con bongós, y el tercero es un juego de tambores al aire con campanillas, árboles de campanillas, y más címbalos. Su música, como su ciudad, te golpea duro y rápido antes de que se desacelere en un bello río de adoración.

El ritmo puede ser descrito como: "Movimiento en el tiempo". Por lo tanto, la respiración (inhalar, exhalar), el pulso (sístole, diástole), las mareas (baja, alta), todos, son ejemplos de ritmo (*Harvard Dictionary of Music*, p. 729). Cuando estamos muy emocionados respiramos más aceleradamente y nuestro corazón late más rápido que cuando estamos descansando. ¡La música refleja el latir del corazón de Dios en adoración!

Asaf es el prototipo del percusionista cristiano ya que su ministerio era principalmente con címbalos, aunque era el músico más importante y más notorio de la banda de adoración del rey David. Es raro que se piense en la percusión como un instrumento para dirigir o un instrumento profético, pero así era en los años dorados del tabernáculo de David.

Tres instrumentos bíblicos

Todos los instrumentos de percusión deben su existencia a sus predecesores bíblicos.

1. Los címbalos: "Instrumento metálico resonante, vibrante, que retiñe; címbalos que son chocados y producen un estrepitoso sonido resonante; dual, par de címbalos".

Aquellos que les gustaría remover las percusiones completamente de la casa de Dios citan 1 Corintios 13:1 como su versículo de apoyo: "Si yo hablase lenguas humanas y angélicas, y no tengo amor, vengo a ser como metal que resuena, o címbalo que retiñe". El énfasis está en el *amor auténtico*, más que en la remoción de un instrumento viable de adoración.

2. El pandero y el tamboril: Estos son ancestros de toda la familia de tambores como los conocemos hoy en día: "Golpear, hacer sonar, un pandero, tamboril; instrumento de gozo. En oriente consiste en un marco delgado redondo de madera cubierto con una membrana y con campanas o cascabeles colgando a su alrededor".

3. El sistro: Este es el precursor de los instrumentos rítmicos como las maracas, las sonajas, etc.

Cuatro usos de la percusión en la Escritura:

1. Percusión de gozo

> Y María la profetisa, hermana de Aarón, tomó un pandero en su mano, y todas las mujeres salieron en pos de ella con panderos y danzas.
> Éxodo 15:20

> Aconteció que cuando volvían ellos, cuando David volvió de matar al filisteo, salieron las mujeres de todas las ciudades de Israel cantando y danzando, para recibir al rey Saúl, con panderos, con cánticos de alegría y con instrumentos de música.
> 1 Samuel 18:6

> Y David y todo Israel se regocija-
> ban delante de Dios con todas sus
> fuerzas, con cánticos, arpas, salterios,
> tamboriles, címbalos y trompetas.
> 1 Crónicas 13:8

2. Alabanza a Dios con percusiones

> Alaben su nombre con danza;
> con pandero y arpa a él canten.
> Salmos 149:3

> Alabadle con pandero y danza;
> alabadle con cuerdas y flautas. Ala-
> badle con címbalos resonantes; ala-
> badle con címbalos de júbilo.
> Salmos 150:4-5

> Asaf el primero; el segundo des-
> pués de él, Zacarías (...) con sus ins-
> trumentos de salterios y arpas; pero
> Asaf sonaba los címbalos.
> 1 Crónicas 16:5

3. Profecía con percusión

> Asimismo David y los jefes del
> ejército apartaron para el ministerio a
> los hijos de Asaf, de Hemán y de Je-
> dutún, para que profetizasen con ar-
> pas, salterios y címbalos.
> 1 Crónicas 25:1

4. Percusiones de guerra

> Y cada golpe de la vara justiciera
> que asiente Jehová sobre él, será con
> panderos y con arpas; y en batalla

tumultuosa peleará contra ellos.
Isaías 30:32

El temor a las percusiones

Continuamente se levantan dos temores con respecto a las percusiones (tambores). El primero es la naturaleza del ritmo mismo.
Algunos han sostenido que ciertos ritmos son malos y evocan espíritus demoníacos. En cierta época la gente pensaba que solo los ritmos de vals (TA, ta, ta) eran piadosos y que los ritmos de marcha
(TA, ta) eran impíos. Hoy en día los valses y las marchas son cosa del
pasado. La gente teme el ritmo *anapesta* (ta, TA) el cual acentúa el
contratiempo en lugar del tiempo (TA, ta). La mayoría de las congregaciones palmean con entusiasmo al ritmo en su alabanza a
Dios. Se puede decir con seguridad que ningún ritmo es impío por
sí mismo; puede ser utilizado de una manera poco piadosa o en
una forma edificante.

¡El segundo temor a los tambores es el volumen! Otra vez, es
una cuestión de criterio lo que cada cristiano y cada congregación
quiera hacer, pero la Biblia es muy clara en este punto; ¡Él se deleita en el alto volumen de la alabanza de estos instrumentos! La misma palabra que se utiliza para *tambor* es *golpe*, ¡lo cual significa tocar con fuerza!

Entonad canción, y tañed el pandero, el arpa deliciosa y el salterio.
Salmos 81:2

Hay toda una hueste de Escrituras que dan validez a una sección rítmica dinámica y ruidosa:

Se regocijaban delante de Dios
con todas sus fuerzas, con (…)
tamboriles.
1 Crónicas 13:8

> Con instrumentos de música (...)
> címbalos, que resonasen y alzasen la
> voz con alegría.
> 1 Crónicas 15:16

> Cuando sonaban, pues, las trompetas, y cantaban todos a una, para alabar y dar gracias a Jehová, y a medida que alzaban la voz con trompetas y címbalos y otros instrumentos de música.
> 2 Crónicas 5:13

> Alabadle con címbalos resonantes; alabadle con címbalos de júbilo.
> Salmos 150:5

El gran debate eléctrico-acústico

La gente a menudo me pregunta si deben tener guitarras eléctricas y sintetizadores en sus iglesias. ¿Dios quiere amplificar nuestra voz? Aunque hay una hermosa sonoridad en la música completamente acústica, ¡toda la ciencia de la amplificación del sonido está ahí para ayudarnos a llevar el Evangelio de Jesús más lejos! Números mayores de personas pueden entrar en adoración al Señor a través del milagro del sonido electrónico.

Los sintetizadores son hermosos y ofrecen un sonido increíble en la adoración, pero piénsalo dos veces antes de remover tus violines, tu piano y otros instrumentos en vivo. Proveen una calidez especial que incluso la música de los sintetizadores que utilizan grabación de muestras reales no pueden igualar. ¡Los músicos sabios utilizan ambos sonidos amplificados, el naturalmente acústico y el sintetizado para alabar al Señor! La orquesta ideal debería tener la capacidad de incorporar estos dos mundos y aun así tener la capacidad de tocar totalmente música acústica o completamente música electrónica cuando el estilo así lo requiera.

Recordemos que las metas de los músicos y cantores son: unidad de sonido, excelencia en la ciencia natural de la música y excelencia en la motivación espiritual del corazón. Entonces así se logrará el alto objetivo que se ha puesto delante de nosotros en 2 Crónicas:

> Cuando sonaban, pues, las trompetas, y cantaban todos a una, para alabar y dar gracias a Jehová, y a medida que alzaban la voz con trompetas y címbalos y otros instrumentos de música, y alababan a Jehová, diciendo: Porque él es bueno, porque su misericordia es para siempre; entonces la casa se llenó de una nube, la casa de Jehová. Y no podían los sacerdotes estar allí para ministrar, por causa de la nube; porque la gloria de Jehová había llenado la casa de Dios.
>
> 2 Crónicas 5:13-14

Capítulo 13

Los que danzan

El proceso de resurgimiento

La adoración es un tema controversial. ¡Nunca la controversia es tan evidente como cuando consideramos el asunto de la danza! A la mención de esta palabra, a la mayoría le viene a la mente una bailarina de ballet, una danza nativa, baile de figuras, baile de salón, bailarines a *go-go*, etc. Hay una forma de danza que es totalmente única. No es sensual. Es la danza de la adoración, tan antigua como la cítara o los decacordios. Está regresando como una expresión poderosa de adoración a Dios. Su resurgimiento en la Iglesia ha tenido que pasar por pasos muy dolorosos.

Pioneros: Dios suele dar una revelación pionera a alguna persona o iglesia sobre una verdad en particular porque son lo suficientemente proféticos para darla a luz en su congregación.

Resurgimiento mundial: En los últimos años de la década de los setenta y al principio de los ochenta el mensaje de la danza recorrió el mundo a través de congresos, y muchas congregaciones grandes incorporaron alguna adaptación de estas prácticas.

Excesos: Siempre que Dios se está moviendo en un área en particular, va a haber excesos, falta de sabiduría; la carne y el diablo tratando de estropear la verdadera imagen de la verdad. ¡Estas áreas de las artes creativas sufrieron inmensamente cuando la gente hizo locuras en el nombre del Señor!

Reacciones: Los líderes de las congregaciones reaccionaron algunas veces violentamente a los excesos y etiquetaron el todo por la imprudencia de algunos.

Polarizaciones: Esto provocó que los que danzan se polarizaran en su posición y se convirtieran en defensores militantes en contra del espíritu de *Mical*, contrario a la danza.

Pugnas: Los que estaban a favor y los que estaban en contra de la danza entraron en conflicto por causa de una actividad que supuestamente debía ser una expresión de gozo y alabanza.

Aceptación: El tiempo tiene una manera maravillosa de entresacar el trigo de la cizaña. Debemos recordar el principio de Gamaliel: si este consejo o esta obra es de los hombres, se desvanecerá; pero si es de Dios, no la podremos destruir; no seamos tal vez hallados luchando contra el Señor.

El principio de Romanos 14

Aquellos que están en contra de la danza dicen que es una función totalmente del Antiguo Testamento y que no tiene lugar en el Nuevo Pacto; por lo tanto desechan el valor de la adoración de los salmos en su vida. Los que danzan, algunas veces estiran las Escrituras para legitimar su posición y por lo tanto ensucian su credibilidad. Entonces están aquellos que aceptan algunos aspectos de la danza y rechazan otros y sienten que su posición es la más bíblica. Ignorar el tema de la danza es dejar de ser congruente con la revelación total de la Biblia; levantar demasiado la danza viola el principio de una sana interpretación bíblica. La respuesta a esta polarización es el espíritu de Romanos 14. Algunos asuntos en el cristianismo no son siempre blancos o negros, correctos o incorrectos, sino que se sitúan más en la categoría de cuál es la aplicación más apropiada en circunstancias diversas. Esta es mi aplicación de Romanos 14:1-3:

Recibid al débil en la fe, pero no
para contender sobre opiniones. Por-

que uno cree que se ha de comer de
todo; otro, que es débil, come legum-
bres. El que come, no menosprecie al
que no come, y el que no come, no
juzgue al que come; porque Dios le
ha recibido.
Romanos 14:1-3

Pablo sigue adelante diciendo que no debemos usar nuestra libertad para destruir las convicciones de otros. ¡Si estoy en una
iglesia cuya tradición de adoración es bastante inclinada en contra
de la danza, no voy a comenzar a dar giros bajo la unción! He estado en congregaciones que van más allá de mi zona de seguridad
en estas expresiones, pero no las rechazo por mis preferencias personales. He aprendido a disfrutar los contrastes; ¡parece que Dios
también!

La promesa de la Escritura

La Biblia no nos fuerza a danzar. Nos da permiso de expresar
adoración con nuestro cuerpo, así como con nuestra alma y espíritu. ¡Dios ha prometido en la Escritura que la danza se iba a levantar en respuesta a sus obras de salvación y liberación!

Aún te edificaré, y serás edificada,
oh virgen de Israel; todavía serás
adornada con tus panderos, y saldrás
en alegres danzas.
Jeremías 31:4

En los mismos versículos que animan a gozarse y regocijarse y
tocar instrumentos, encontramos la exhortación a permitir a Su
pueblo a expresarse con danza:

Alaben su nombre con danza;
con pandero y arpa a él canten.
Salmos 149:3

En la gran Carta Magna de la alabanza encontramos que nuestra danza en realidad alaba al Señor:

> Alabadle con pandero y danza;
> alabadle con cuerdas y flautas.
> Salmos 150:4

Eclesiastés nos dice que hay un tiempo apropiado para danzar, ¡lo cual implica que hay tiempos inapropiados también!

> Tiempo de bailar.
> Eclesiastés 3:4

La música y la danza no fueron algo inapropiado para la casa del Padre en la famosa parábola de Jesús, del hijo pródigo.

> Y cuando vino, y llegó cerca de la
> casa, oyó la música y las danzas.
> Lucas 15:25

La variedad de danzas

Las muchas danzas de la Escritura parecen caer en tres categorías principales de expresión:

- La danza festiva
- La danza de victoria
- La danza de gozo

La danza festiva

Dios ama las celebraciones. Le ordenó a Israel que celebrara la *Fiesta de los Tabernáculos* cada año para conmemorar la justificación del cordero del sacrificio y la celebración de la cosecha.

> Habla a los hijos de Israel y diles:
> A los quince días de este mes séptimo
> será la fiesta solemne de los taberná-
> culos a Jehová por siete días.
> Levítico 23:34

La palabra hebrea para fiesta es *chag* que proviene de *chagag* que significa: Moverse en círculos, marchar en una procesión sagrada, observar una fiesta, moverse alegre y rápidamente". La Biblia King James traduce esta palabra como: "Celebrar, danzar, bambolearse hacia adelante y hacia atrás". Era un tiempo para estar alegres; un campamento de verdad en el que todo Israel vivía en tiendas portátiles en recuerdo de su éxodo de Egipto. ¡Eran exhortados a batir palmas delante del Señor y regocijarse y danzar! (v. 39-41). Los judíos son conocidos por sus grandes bailes congregacionales que involucran a todas las edades. ¡Habría muy poca necesidad de videos para hacer ejercicio si los cristianos celebraran regularmente en el *chagag*!

El salmista lamenta su ausencia de las fiestas ceremoniales de Israel en el salmo 42.

> Me acuerdo de estas cosas, y derramo mi alma dentro de mí;
> De cómo yo fui con la multitud, y la conduje hasta la casa de Dios,
> Entre voces de alegría y de alabanza del pueblo en fiesta [danza].
> Salmos 42:4

La danza de victoria

Una de las danzas más famosas de todos los tiempos fue el ballet del Mar Rojo de María. No creo que el propósito de Dios sea que fuera la última danza en Su historia de redención.

> Y María la profetisa, hermana de Aarón, tomó un pandero en su mano, y todas las mujeres salieron en pos de ella con panderos y danzas.
> Éxodo 15:20

Las danzas de victoria eran las reacciones normales a la victoria de Jehová sobre Sus enemigos. Jueces 11:34, 1 Samuel 18:6.

La danza de gozo

¡El gozo de David por regresar el arca de la presencia de Dios fue expresado con la más exuberante de todas las danzas registradas en la Biblia!

> Y David danzaba con toda su
> fuerza delante de Jehová; y estaba
> David vestido con un efod de lino.
> 2 Samuel 6:14

La atmósfera era intensa ya que todo Israel levantaba la voz y tocaba trompetas (v. 15). Este tipo de adoración no es para el creyente tibio y parsimonioso.

Jesús nos dijo que nos debíamos de alegrar cuando la persecución viniera a nuestro camino.

> Gozaos en aquel día, y alegraos
> [salten de gozo].
> Lucas 6:23

¿Te puedes imaginar la reacción del ujier principal cuando Pedro y el hombre que había sido cojo entraron saltando y danzando en el templo?

> Y saltando, se puso en pie y anduvo; y entró con ellos en el templo, andando, y saltando, y alabando a Dios.
> Hechos de los Apóstoles 3:8

Precedente de la iglesia primitiva

La danza era una parte normal de la adoración de los primeros cristianos y gozó de un periodo relativamente largo de aceptación antes de que surgieran las cosas a las que la hemos vinculado hoy en día. Paul Thigpen encapsuló este periodo histórico en su artículo de Marzo de 1989 de la revista *Charisma*: Los registros más antiguos de la adoración cristiana en las generaciones inmediatamente posteriores a los apóstoles tienden a confirmar esta conclusión. La danza era utilizada en el orden de la adoración de dos de las liturgias cristianas más antiguas registradas en detalle. Justiniano mártir (150 d.C.) e Hipólito (200 d.C.) ambos describen los círculos alegres de danzas en el santuario. Un himno que data del año 120 también habla de Jesús danzando con sus discípulos en la última cena, sugiriendo que tales danzas eran familiares a las celebraciones de algunas iglesias de ese evento.

Varios documentos históricos de los primeros siglos de la iglesia afirman que la danza en ese tiempo era una parte exuberante de la adoración cristiana. En el siglo cuarto, Eusebio, padre de la historia de la Iglesia, escribió un registro detallado de la danza en un servicio de adoración, la cual era tanto espontánea como coreográfica. Innumerables líderes de la Iglesia también escribieron aprobatoriamente acerca de la danza de alabanza: Clemente de Alejandría, Epifanio, Gregorio de Niza, Crisóstomo, Basileo, Ambrosio, Agustín y otros.

Pasos de baile en la Biblia

Estas son definiciones abreviadas de algunas de las palabras principales utilizadas para referirse a danza o bailes en el Antiguo y Nuevo Testamentos.

Antiguo Testamento

1. *Chul:* contorsión (*twist*) o giro (¡Dios inventó el *twist*!). Jueces 21:21.

2. *Machol:* danza en círculo. Salmos 30:11, Salmos 149:3, Salmos 150:4.

3. *Karar:* remolinear, rotar, saltar, correr, regocijarse. 2 Samuel 6:14-16.

4. *Pazaz:* saltar ligeramente y danzar. 2 Samuel 6:16.

5. *Gul:* girar rápidamente (influenciado por una emoción violenta). Salmos 14:7, Salmos 32:11.

6. *Raquad:* golpear con los pies, brincotear alocadamente de gozo. 1 Crónicas 15:29, Salmos 114:4-6.

7. *Chagag:* Moverse en círculos. Éxodo 5:1, Levítico 23:41.

8. *Haliykah:* Procesión o caminata. Salmos 68:24-25.

9. *Shuwr:* Cantar, cantores que caminan. Salmos 33:3, Salmos 65:13, Jeremías 20:13.

Nuevo Testamento

1. *Orcheomai:* danzar por rango o registrar movimiento (la traducción en español es *orquesta*). Mateo 11:17, 14:6, Marcos 6:22, Lucas 7:32.

2. *Agalliao:* saltar de gozo, exultar, brincar. 1 Pedro 4:13.

3. *Hallomai:* dar un salto, brincar, impulsarse hacia arriba y adelante. Hechos 3:8.

4. *Choros:* un círculo, danza en círculo, danzar. Lucas 15:25.

La danza como una expresión de maldad

Los aspectos positivos de esta forma de alabanza no deben ser negados solo porque la danza fue utilizada como instancia de maldad. Es poderosa en lo positivo, así como fue mal usada en lo negativo.

• Israel danzó sensualmente delante del becerro de oro, se desnudaron y se salieron de control. Éxodo 32:19.
• Los sacerdotes de Baal danzaron sus danzas demoníacas para invocar el poder de su dios. 1 Reyes 18:26.
• Juan el Bautista fue decapitado por el baile sensual de Salomé, la hija de Herodías. ¡Todo un mover de Dios fue decapitado por la sensualidad!

El uso de la danza en la Iglesia hoy en día

Hay cuatro aplicaciones de la danza que son utilizadas en la Iglesia.

1. La danza congregacional. Abrumadoramente las Escrituras ponen énfasis en la participación de toda la congregación cuando se refiere a la danza. Me regocijo inmensamente en la sencillez de los diferentes movimientos de la danza de alabanza de hoy, ya que fui un terrible bailarín en mi era precristiana.

2. La danza dramática. Esto es cuando una compañía de danza o un bailarín cuenta una historia a través del *movimiento*. Puede ser acompañado por palabras o no como un solo instrumental. La danza llena de habilidad, por sí sola, puede llevar un mensaje poderoso.

3. La danza de alabanza. Esta puede ser danzada por cualquier número de personas y es dedicada al Señor. Es una sesión ensayada con el propósito de ser apreciada visualmente por la congregación que la observa. Es la adoración a Dios la que ministra, tanto como ministra un solo previamente preparado o un número coral.

4. La danza profética. Aquí es donde se levanta la mayor controversia ya que hay muy poco antecedente bíblico que la mencione, pero creo que está en el *espíritu* de las Escrituras. Una danza profética es de naturaleza espontánea, que expresa alabanza y adoración o actúa las palabras de una canción preparada, un canto profético o música. Hace varios años estaba dirigiendo la adoración en un congreso en Filadelfia, Pennsylvania. Comencé a cantar un cántico nuevo al Señor. Era una descripción de David trayendo el arca de regreso a Jerusalén. Dos bailarinas proféticas ungidas se unieron con denuedo y comenzaron a danzar comunicando con movimientos lo que el Señor estaba diciendo en el cántico profético. ¡Fue increíble! Se movían en total armonía de movimiento. Después de la reunión les pregunté si habían preparado eso previamente a lo cual me respondieron que no. ¡Fue algo que no sucedía todos los días, pero fue inolvidable para todos los que estuvimos allí esa noche!

Palabras de advertencia

Un buen principio al aplicar la Biblia a la vida diaria es: ¡Pon énfasis en lo que la Biblia pone énfasis! En otras palabras, no hagas más lo menos ni hagas menos lo más. Danzar es importante, pero no es el tema más importante de la alabanza. Aunque había el oficio de músico o cantor, nunca se asignaron danzantes que continuamente lo adoraran, día y noche, como los cantores. Depende de cada congregación como quiera aplicar este ministerio utilizando sabiduría y discreción.

El recato y el pudor son muy importantes en la casa de Dios. En los primeros años experimentales de la danza algunos imprudentemente usaban trajes ajustados al cuerpo siguiendo el ejemplo de las compañías de danza del mundo, causando reacciones en las congregaciones y líderes.

¡No fuerce a la gente a danzar! La danza es una expresión que reboza del corazón y va a surgir naturalmente en la vida de una persona.

Banderas y estandartes

Los estandartes y las banderas tienen la misma relación con la alabanza que el aderezo con una comida gourmet. ¡No es la *sustancia* de la adoración, pero le añade color y sabor! Los estandartes y las banderas tienen el propósito de llamar nuestra atención y enfatizar verdades bíblicas. Incluso los hermosos colores de los estandartes representan los diferentes aspectos del plan de redención de Dios: rojo para la sangre de Cristo, blanco para la santidad de Dios, dorado para la majestad del Rey, etc. Pueden ser de naturaleza festiva o solemnes, significando la reunión de las tropas para la batalla.

Aplicación de los estandartes y banderas

Generalmente hay tres aplicaciones de los estandartes y banderas:

1. Estandartes fijos. Este es el uso más popular de los estandartes. La mayoría de las congregaciones tienen una adaptación de esto, un estandarte en la pared que dice: "Id por todo el mundo...", o: "Entrad por sus puertas con acción de gracias...". Tienen el propósito de recordarle al adorador un aspecto de la verdad que Dios ha grabado sobre esa congregación en particular. Muchos estandartes en esta categoría simplemente están enfocados en la persona de Cristo: "¡Jesucristo es Señor!". Las banderas eran los estandartes originales de Dios que se utilizaban para identificar los diferentes campamentos de Israel y distinguir a una nación de la otra.

2. Estandartes de desfile. Un desfile de banderas, estandartes llevados en una procesión, ofrendas de alabanza coreográficas; todos estos caen en la amplia categoría de estandartes de desfile. El uso más efectivo de estos parece ser en servicios especiales como aniversarios, dedicaciones, inauguraciones de congresos, obras musicales y procesiones. En las iglesias litúrgicas los estandartes han sido usados por siglos para indicar las diferentes temporadas y eventos de la congregación en el año.

3. Estandartes de adoración. Los estandartes en la adoración es la aplicación más controversial. Esto es cuando se levantan o se baten banderolas, estandartes o banderas durante el servicio de adoración. Esto no es un requisito para la adoración, pero tampoco está prohibido. He estado en reuniones en las que hacerlo era bastante compatible con la naturaleza del mover del Espíritu, pero también en reuniones en las que parece inapropiado o superfluo.

Los estandartes en la Escritura

1. **Nuestro estandarte en la batalla**. "Y Moisés edificó un altar, y llamó su nombre Jehová-nisi; y dijo: Por cuanto la mano de Amalec se levantó contra el trono de Jehová, Jehová tendrá guerra con Amalec de generación en generación" (Éxodo 17:15-16).

2. **Cristo, el pendón a los pueblos**. "Acontecerá en aquel tiempo que la raíz de Isaí, la cual estará puesta por pendón a los pueblos, será buscada por las gentes; y su habitación será gloriosa" (Isaías 11:10).

3. **El pendón de regocijo**. "Nosotros nos alegraremos en tu salvación, y alzaremos pendón en el nombre de nuestro Dios" (Salmos 20:5).

4. **Bandera de la verdad**. "Has dado a los que te temen bandera que alcen por causa de la verdad" (Salmos 60:4).

5. **Bandera de su amor.** "Me llevó a la casa del banquete, y su bandera sobre mí fue amor" (Cantares 2:4).

6. **La Iglesia, un ejército con estandartes.** "Hermosa eres tú, oh amiga mía, como Tirsa; de desear, como Jerusalén; imponente como ejércitos en orden [con estandartes]" (Cantares 6:4).

La adoración es un asunto muy apasionado. Las creencias y convicciones sobre el tema están arraigadas profundamente. Los estandartes por sí mismos no son adoración y parecen ser un platillo ocasional más que una dieta continua. Son: "Sombra de lo que ha de venir; pero el cuerpo es de Cristo" (Colosenses 2:17). Cristo es la realidad de toda adoración; ¡nada puede tomar Su lugar!

Parte Cuatro

El propósito de la música

Capítulo 14

Doce propósitos de la música

Estos son los temas sobresalientes que emergen de la Biblia cuando investigamos el significado y propósito de la música. Estoy seguro de que pueden haber adiciones o posiblemente sustracciones a esta lista, pero captura la esencia de las intenciones de Dios para la música. Están enlistadas aquí independientemente de su orden de importancia.

1. Adoración

> Mas la hora viene, y ahora es, cuando los verdaderos adoradores adorarán al Padre en espíritu y en verdad; porque también el Padre tales adoradores busca que le adoren. Dios es Espíritu; y los que le adoran, en espíritu y en verdad es necesario que adoren.
>
> Juan 4:23-24

La música ata nuestros afectos a una de cuatro cosas:

a. Un objeto: La música es una gran herramienta para la idolatría (alabar y adorar todo, desde carros hasta cigarros). La publicidad se ha convertido en el sacerdocio del materialismo exaltando las glorias de poseer ciertos bienes. Daniel 3 ilustra este punto claramente cuando se le ordenó al pueblo que debía postrarse y adorar una estatua de oro cuando escucharan la música.

¡El verdadero propósito de la música es para guardarnos de la idolatría al adorar al Señor!

> No te harás imagen, ni ninguna
> semejanza de lo que esté arriba en el
> cielo, ni abajo en la tierra, ni en las
> aguas debajo de la tierra. No te incli-
> narás a ellas, ni las honrarás; porque
> yo soy Jehová tu Dios, fuerte, celoso,
> que visito la maldad de los padres so-
> bre los hijos hasta la tercera y cuarta
> generación de los que me aborrecen.
> Éxodo 20:4-5

b. Una acción: La música resalta la apariencia de ciertas acciones, glorificándolas como si fueran deseables. La música *surf* de los
años sesenta hizo que todos quisieran ir a *surfear*. Hoy, hay ciertos
grupos que glorifican el uso de drogas, incluso el asesinato o el sui-
cidio como si fueran algo *cool*, y un acto deseable.

El verdadero propósito de la música es llamarnos a actuar en
santidad: "Dad a Jehová la gloria debida a su nombre; adorad a Jehová en la hermosura de la santidad" (Salmos 29:2).

> Así que, hermanos, os ruego por
> las misericordias de Dios, que presen-
> téis vuestros cuerpos en sacrificio vi-
> vo, santo, agradable a Dios, que es
> vuestro culto racional.
> Romanos 12:1

c. Una ideología: La música ayuda a que avancen las filosofías
impías ensalzando sus ideales. La filosofía de rebelión avanza gracias a canciones que subrayan sus supuestas virtudes de libertad total contra las reglas y la ley.

El verdadero propósito de la música es exaltar a Cristo y a Su reino, para que el creyente tenga un deseo más profundo de ser obe-
diente al Señor.

> El hacer tu voluntad, Dios mío,
> me ha agradado, y tu ley está en me-
> dio de mi corazón.
> Salmos 40:8

d. Una persona: Se utiliza la música para expresar amor en un nivel humano. Las canciones más populares del mundo tratan acerca de las relaciones humanas amorosas y de adoración a las personas, y aunque no son inherentemente malas, si excluyen la adoración a Dios, no llegan a cumplir el principal objetivo de la música.

> Puso luego en mi boca cántico
> nuevo, alabanza a nuestro Dios. Ve-
> rán esto muchos, y temerán, y confia-
> rán en Jehová.
> Salmos 40:3

2. Guerra

> Porque las armas de nuestra mili-
> cia no son carnales, sino poderosas en
> Dios para la destrucción de fortalezas,
> derribando argumentos y toda altivez
> que se levanta contra el conocimiento
> de Dios, y llevando cautivo todo pen-
> samiento a la obediencia a Cristo.
> 2 Corintios 10:4

La música toma cautivo cada pensamiento. Controla el ambiente, el plano en el cual opera el príncipe de la potestad del aire.

Alabar a Dios es: "Hacer callar al enemigo y al vengativo" (Salmos 8:2). ¡La alabanza toma el terreno de nuestra mente y lo enfoca hacia el Señor!

3. Restauración

Juan Calvino dijo que: "La música es uno de los medios principales para restaurar el alma humana". El salmo 23 dice en el versículo 3: "Confortará mi alma". La palabra *confortar* significa:

"Regocijar, recuperar, refrescar y traer de vuelta". La música es para restaurarnos a la condición original para la cual Dios nos creó: ¡gozosos, confiados, amantes, amables, valientes, sin tensión, sin preocupación, sin miedo! ¡La música toma muestra alma cansada y la restaura a la imagen de Dios cuando es usada para adorar a Dios!

4. Meditación

Salmos es el libro de meditación. Tiene más referencias a este tema que cualquier otro libro en la Biblia. Meditar significa tener: "Una profunda reflexión sobre algún tema religioso, cantar a uno mismo". ¡La meditación incluye cantarnos a nosotros mismos! Así como las ovejas que rumian, nosotros, las ovejas de Su prado, volvemos a digerir Su verdad cantando, pensando y memorizando la Palabra.

> Sean gratos los dichos de mi boca y
> la meditación de mi corazón delante de
> ti, oh Jehová, roca mía, y redentor mío.
> Salmos 19:14

> Dulce será mi meditación en él; yo
> me regocijaré en Jehová.
> Salmos 104:34

> En tus mandamientos meditaré;
> consideraré tus caminos.
> Salmos 119:15

> Alzaré asimismo mis manos a tus
> mandamientos que amé, y meditaré
> en tus estatutos.
> Salmos 119:48

5. La voluntad

La voluntad es la parte más reacia de nuestro ser. Es el mecanismo interno que utilizamos para tomar decisiones. A través de la historia podemos observar que la voluntad humana ha demostrado que le es difícil alinearse con Dios y una gran semejanza con Adán. ¡Parece de piedra! Hay un juego de niños que se llama, *piedra, papel o tijeras*: Se golpea con el puño cerrado la mano contraria dos veces y a la tercera se hace el símbolo de cualquiera de las tres cosas: piedra, papel o tijeras. La piedra desmenuza las tijeras, las tijeras cortan papel. Si uno hizo el ademán de la piedra cuando el oponente hizo el de tijeras, uno gana. Sin embargo, el papel, que es más suave, cubre la piedra; el papel gana sobre la piedra aunque la piedra sea más fuerte. La música es el papel suave que cubre la piedra de nuestra voluntad y triunfa sobre ella. La música afecta la voluntad como ninguna otra cosa. Los Salmos es el libro de la voluntad y las resoluciones; llama a nuestra voluntad a que participe en emociones y disciplinas que de otra manera rechazaría.

> TE ALABARÉ, oh Jehová, con todo mi corazón; CONTARÉ todas tus maravillas.
> Salmos 9:1

> TE AMO, oh Jehová, fortaleza mía.
> Salmos 18:1

> BENDECIRÉ a Jehová en todo tiempo; su alabanza estará de continuo en mi boca.
> Salmos 34:1

> Por tanto, CONFESARÉ mi maldad, y ME CONTRISTARÉ por mi pecado.
> Salmos 38:18

> Oh Dios, a ti CANTARÉ CÁNTICO NUEVO; con salterio, con decacordio CANTARÉ A TI.
> Salmos 144:9

¡Cada una de estas decisiones de la voluntad son mucho más fáciles de hacer en la atmósfera de la alabanza y la adoración!

6. Enseñanza

> La palabra de Cristo more en
> abundancia en vosotros, enseñándoos
> y exhortándoos unos a otros en toda
> sabiduría, cantando con gracia en
> vuestros corazones al Señor con sal-
> mos e himnos y cánticos espirituales.
> Colosenses 3:16

Uno de los grandes propósitos de la música es ayudarnos a re-cordar la Palabra de Dios. Hay cuatro principios fundamentales del aprendizaje involucrados en usar la música para ayudarnos a apren-der y memorizar la Palabra:

a. Asociación: Las melodías atan nuestra memoria a las pa-labras. ¡La melodía es recordada y las palabra son traídas a la memoria!

b. Repetición: Una canción se repite de la misma forma cada vez y graba, como con aguafuerte, las palabras profundamente en nuestro cerebro.

c. Orden: Nuestra habilidad para recordar una sucesión de pa-labras es aumentada por la melodía.

d. Ritmo: Es sorprendentemente más fácil recordar cosas cuan-do son puestas en una cadencia.

7. Unidad

> ¡Voz de tus atalayas! Alzarán la
> voz, juntamente darán voces de júbilo;
> porque ojo a ojo verán que Jehová
> vuelve a traer a Sion. Cantad alaban-
> zas, alegraos juntamente, soledades de
> Jerusalén; porque Jehová ha consolado
> a su pueblo, a Jerusalén ha redimido.
> Isaías 52:8-9

Los líderes se están reuniendo para adorar y orar por toda la cristiandad. Los vigías están orando juntos y viéndose a los ojos. ¡Esto da libertad a la gente para cantar en unidad! La música es el gran armonizador que Dios está usando para traer a Su cuerpo fragmentado de vuelta a la unidad. Es bastante difícil tener un espíritu de división cuando uno está adorando con otros miembros del Cuerpo de Cristo. El servicio de adoración es el diapasón de Dios para afinarnos y alinearnos con Su Espíritu. El martillo afinador es la Palabra de Dios que levanta al decaído y hace humilde al orgulloso de corazón.

8. Edifica el carácter

La música se utiliza para transmitir la actitud y el espíritu del músico a su público. Es una impartición de su carácter. Dios quiere que Su misma naturaleza y corazón nos sean impartidos, por lo que utiliza el *lenguaje del corazón* (la música) para ser ese vehículo. Las cosas que Él quiere que nos sean impartidas están mejor resumidas en la lista del fruto del Espíritu, en Gálatas 5:22-23: "Amor, gozo, paz, paciencia, benignidad, bondad, fe, mansedumbre, templanza". ¿Es nuestra música amante?, ¿gozosa?, ¿apacible?, ¿buena?, ¿benigna? La meta de la adoración es ser formados a Su imagen. El tipo de música que usamos refleja esa imagen, fidedignamente o no.

9. Deleite

La música es una experiencia refrescante que es disfrutada por la audiencia. Así como Dios hizo colores agradables, sabores emocionantes en la comida y aromas atrayentes, la música es una delicia para los oídos. Nuestra alma responde a la variedad de melodías, armonías y ritmos. Nuestro estado de ánimo es profundamente afectado por los sonidos de una balada sencilla o una gran sinfonía. La música nos toca produciendo en nosotros alegría o melancolía; ¡es uno de los regalos sin par de Dios al hombre!

10. Profecía

La música fue creada para ser un vehículo del *hablar* profético y del *ambiente* profético. Samuel le dijo a Saúl: "Después de esto llegarás al collado de Dios donde está la guarnición de los filisteos; y cuando entres allá en la ciudad encontrarás una compañía de profetas que descienden del lugar alto, y delante de ellos salterio, pandero, flauta y arpa, y ellos profetizando. Entonces el Espíritu de Jehová vendrá sobre ti con poder, y profetizarás con ellos, y serás mudado en otro hombre" (1 Samuel 10:5-6).

Saúl fue tocado por el ambiente profético. La adoración abre nuestro corazón a lo que el Espíritu está diciendo en una reunión. La adoración es nuestro aparato para escuchar, nuestro receptor de la voz del Espíritu Santo.

11. Danza

> Y amarás a Jehová tu Dios de to-
> do tu corazón, y de toda tu alma, y
> con todas tus fuerzas.
> Deuteronomio 6:5

La danza es usar toda nuestra fuerza para amar al Señor. La adoración pasa del espíritu al alma y entonces se expresa en nuestro físico. Danzar expresa libertad delante del Señor: *"Donde está el Espíritu del Señor, allí hay libertad"* (2 Corintios 3:17).

12. Sanidad

Los dones del Espíritu Santo están enlazados muy cercanamente, con el don de la música. El Espíritu Santo opera en la atmósfera de fe y expectación, la cual es amplificada por la adoración. Cuando nuestro corazón está enfocado en Jesús, ¡cualquier cosa puede pasar! Proverbios 17:22 nos dice que: "El corazón alegre constituye buen remedio; mas el espíritu triste seca los huesos". La adoración es medicinal, es terapia para el alma, aumenta la fe. Cuando la gente adoraba al Señor, en el Nuevo Testamento, Jesús respondía de una manera especial:

• *El leproso adora y es limpiado. "Y he aquí vino un leproso y se postró ante él, diciendo: Señor, si quieres, puedes limpiarme"* (Mateo 8:2).

• *La hija de un hombre principal fue resucitada. "Vino un hombre principal y se postró ante él, diciendo: Mi hija acaba de morir; mas ven y pon tu mano sobre ella, y vivirá"* (Mateo 9:18).

• *La hija de una mujer gentil es liberada de los demonios. "Entonces ella vino y se postró ante él, diciendo: ¡Señor, socórreme!"* (Mateo 15:25).

• *El endemoniado es liberado. "*Cuando vio, pues, a Jesús de lejos, corrió, y se arrodilló ante él*"* (Marcos 5:6).

• *¡El hombre ciego adora después de su sanidad! "*Y él dijo: Creo, Señor; y le adoró*"* (Juan 9:38).

Capítulo 15

Conclusión

Mientras vayamos adoptando cada vez más el estilo de vida de adoración a Dios, podemos esperar que crezca el sentir de Su presencia en nuestra vida. El enemigo de nuestra alma no puede vivir en la atmósfera de alabanza y vamos a experimentar un gozo y una alegría más profundos. Nuestra mente estará más concentrada en Su verdad. Nos vamos a dar cuenta de que nuestra voluntad se va suavizando para ser obedientes a Sus deseos. Como Abraham, vamos a fortalecernos en fe mientras le demos gloria a Dios. Nosotros, el pueblo de Dios, vamos a ver los muros caer mientras adoramos y amamos juntos al Señor. Mientras exaltamos a Jesús, va a venir un fluir más intenso de vida a nosotros, y nuestro corazón se abrirá para escuchar la voz del Espíritu Santo, ¡lo cual dará, como resultado, gozo y el recibir Su gracia sanadora! ¡Qué usted sea bendecido mientras exalta a Dios!

Venid, aclamemos alegremente a
Jehová; cantemos con júbilo a la roca
de nuestra salvación.
Salmos 95:1

Una invitación

Dios lo creó a usted para adorar. Esa es la razón por la cual usted está en la tierra: para conocer el amor de Cristo y tener una relación con Dios a través de Su Hijo Jesús. Si usted nunca ha tomado la decisión de seguir a Cristo, ¡usted puede tomarla ahora mismo! La Biblia dice que si oramos y le pedimos que perdone nuestros pecados, Él lo va a hacer, y dice que va a entrar en nuestro corazón y nos va a hacer una nueva persona. Ser miembro de una iglesia o ser una buena persona no significa que usted haya *nacido de nuevo*. Pedirle a Cristo que entre en su vida como su Señor y Salvador es el camino para nacer de nuevo y tener una relación personal con Él. Si usted quiere pedirle a Cristo que entre en su corazón, haga la oración que está escrita a continuación. A través de su sincero deseo de conocer a Dios, estas palabras se convertirán en *su* oración, y Él se encontrará con usted mientras usted las dice con fe:

> Querido Señor Jesús, yo creo que tú eres el Hijo de Dios y que tú viniste para morir por mí en la cruz. Creo que resucitaste de los muertos y que estás sentado a la diestra de Dios. Te pido perdón por mis pecados. Te pido que tu preciosa sangre me limpie y que entres en mi corazón. Quiero seguirte todos los días de mi vida, y en este día me entrego a ti. Te pido que me llenes con tu Espíritu Santo y que me des el poder de vivir para ti. Te lo pido en Tu nombre. Ahora, te agradezco que me hayas escuchado y aceptado como uno de tus hijos. Amén.

¿Tiene hambre de Dios?
Aquí tiene materiales que saciarán su sed

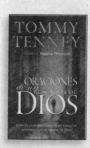

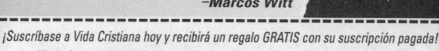